RICHARD BUDDE

WOLFSBURG

TEXTE UND BILDER ZUR GESCHICHTE UND GEGENWART DER VOLKSWAGENSTADT

wolfsburg
DIE VOLKSWAGENSTADT.

Herausgeber:
Stadt Wolfsburg
Referat Presse + Information
Stadtinformation Band 3

Redaktion und Texte:
Richard Budde
Wolfsburg (z.Z. Bremen)

Bildredaktion:
Christine Pieper-Anklam (†)
Wolfsburg

Gestaltung und Produktion:
Rühle + Partner
Braunschweig

Satz und Druck:
Limbach Braunschweig

Verlag:
Steinweg-Verlag
Lützowstraße 1
Braunschweig

Fotos, Zeichnungen, Faksimiles:
Archive der Stadt Wolfsburg, der
Volkswagen AG und des Heimat-
Museums Wolfsburg
Architekturzeichnungen S. 158 ff:
Arbeitsgemeinschaft Dr. Ing. Taeschner,
Dipl. Ing. Wacker, Dr. Ing. Hafkemeyer,
Dr. Ing. Richi
Architekt Dipl. Ing. Arno Bayer
Skizze Dorferneuerung:
Prof. Dipl. Ing. Wilhelm Landzettel

Zur Entstehung und Entwicklung
der Stadt Wolfsburg sind im Laufe
der Zeit zahlreiche Publikationen
erschienen. Interessenten wenden
sich an die Stadt Wolfsburg,
Referat Presse + Information,
Tel. 0 53 61-188 653, Postfach 100 944
3180 Wolfsburg 1

Weitere Informationen über das
Volkswagenwerk, seine Produkte
und seine unternehmerischen
Aktivitäten sind zu erhalten bei der
Volkswagen AG,
Bereich Öffentlichkeitsarbeit
Postfach, 3180 Wolfsburg 1
Telefon 0 53 61-90

INHALT

Am Anfang war das Auto

Überblick

Alles auf einem Foto: Das Auto, dessen Serienproduktion den Bau einer neuen, großen Fabrik erforderte, die wiederum die Gründung einer Stadt für die Autoarbeiter veranlaßte! Standortbesichtigung 1938 vom Nordhang des Klieversberges, der die „Stadtkrone" tragen sollte: Im Urstromtal der Aller entstehen bereits die ersten Werkshallen. Auf den Feldern und Wiesen am Hohenstein (Bildmitte) wachsen die Wohnbauten erst nach 1950.

Der Bau des Volkswagenwerkes bei Fallersleben, zwanzig Kilometer nordöstlich Braunschweig, war der Anlaß für die Gründung der Stadt am 1. Juli 1938.

Heute ist Wolfsburg eine Großstadt mit rund 130000 Einwohnern in 50000 Wohnungen. Sie erstreckt sich über ein Gebiet von mehr als 20000 Hektar. Nur etwa ein Zehntel ist bebaut. Grünanlagen und Wälder

»Für die Planung der Stadt war als erster Ausgangspunkt nur die Lage des Werkes nördlich des Mittellandkanals und seine innere Gliederung gegeben: Haupteingang im Westen, Hauptfront nach Süden, Erweiterungsmöglichkeit nach Norden. Die Forderung, eine klare Beziehung zwischen Werk und Stadt zu schaffen, ließ sich nur bei Anlage einer Stadt im Süden des Mittellandkanals erfüllen.« (Zitat: Peter Koller, Wolfsburgs erster Stadtbaurat)

Geburtsurkunde der Volkswagenstadt: Auch die Gemarkungen Fallersleben, Sandkamp, Mörse, Barnstorf und Hattorf mußten Flurstücke hergeben. In Mörse war es das Rittergut der alteingesessenen Familie von der Wense. Die lange Liste mit den Flurbezeichnungen ist in diesem Ausschnitt aus der Verordnung nicht wiedergegeben: »Die Amtszeit der Bürgermeister, Beigeordneten, Gemeinderäte und Beiräte«, so heißt es (etwas unleserlich) zum Ende, »der Gemeinden Rothehof-Rothenfelde und Heßlingen wird mit dem 30. Juni 1938 für beendet erklärt.«

trennen die Stadtviertel, forst- und landwirtschaftlich genutzte Flächen die Ortsteile mit dörflichem Kern. Die weitläufige Industriestadt im Grünen zählt 650 Einwohner je Quadratkilometer.

Als vor nunmehr bald fünfzig Jahren die Stadtgründung »verordnet« wurde, gab es 857 Einwohner. Sie lebten in den Dörfern Heßlingen und Rothehof-Rothenfelde beim Schloß Wolfsburg. Die beiden Gemeinden wurden aufgelöst. Auf ihrem und benachbartem Gebiet standen für den Bau einer Stadt für 90000 Einwohner 3000 Hektar Land zur Verfügung.

Wolfsburg fünf Jahrzehnte deutscher Geschichte

Die Entwicklung der Stadt Wolfsburg ist geprägt von fünf Jahrzehnten deutscher Geschichte: Gründung unter nationalsozialistischer Herrschaft, Zweiter Weltkrieg, Not der Nachkriegszeit, demokratischer Neubeginn, Wiederaufbau und wirtschaftliche Blüte, Rückschläge durch weltweite Rezession, Angst vor der Zukunft, neue Technologien, Arbeitslosigkeit, Umweltgefährdung . . .

Ausgabe A.

Amtsblatt der Regierung zu Lüneburg.

Stück **27.** Ausgegeben Lüneburg, den 9. Juli **1938.**

Verordnungen und Bekanntmachungen:
des Oberpräsidenten:

145. Auf Grund der §§ 13, 15 und 117 Absatz 3 der DGO. vom 30. Januar 1935 (RGBl. I S. 49) in Verbindung mit § 36 der Ersten Durchführungsverordnung zur DGO. vom 22. März 1935 (RGBl. I S. 393) und der Ersten Ausführungsanweisung vom 22. März 1935 (MinBliV. S 415) wird mit Wirkung vom 1. Juli 1938 folgendes verordnet:

1. die Gemeinden Rothehof-Rothenfelde und Heßlingen im Kreise Gifhorn werden aufgelöst und zu einer neuen Gemeinde zusammengeschlossen.
2. Es werden ausgemeindet und zu derselben neuen Gemeinde eingegliedert: ....

....

Gleichzeitig verleihe ich der neuen Gemeinde auf Grund des § 9 der DGO. die Bezeichnung

„Stadt"

und bestimme, da sich der Führer selbst die Namensgebung für die neue Gemeinde vorbehalten hat, als deren vorläufige Bezeichnung:

„Stadt des KdF.-Wagens bei Fallersleben".

Das Ortsrecht der bisherigen Gemeinden Rothehof-Rothenfelde und Heßlingen sowie das der genannten Gemeinden, aus denen Teile ausgegliedert sind, bleibt in den einzelnen Ortsteilen bis zum 31. März 1939 in Kraft. Bis zu diesem Termin ist ein neues Ortsrecht zu schaffen, das am 1. April 1939 gleichmäßig für alle Ortsteile der neuen Stadtgemeinde in Kraft tritt.

Soweit für Rechte oder Pflichten der Wohnsitz oder der Aufenthalt in der Gemeinde maßgebend ist, wird die Dauer der Wohnung oder des Aufenthaltes in den bisherigen Gemeinden bzw. Gemeindeteilen auf die Dauer der Wohnung oder des Aufenthaltes in der neuen Stadtgemeinde angerechnet.

Zum komm. Bürgermeister der neu gebildeten Stadtgemeinde wird mit Wirkung vom 1. Juli 1938 der Regierungsassessor Bock von der Regierung in Lüneburg bestellt. Die Amtszeit der Bürgermeister, Beigeordneten, Gemeinderäte und Beiräte der bisherigen Gemeinden Rothehof-Rothenfelde und Heßlingen wird mit dem 30. Juni 1938 für beendet erklärt.

Hannover, den 22. Juni 1938.

Der Oberpräsident.

Die internationale Automobilindustrie reagiert frühzeitig und sensibel auf jede Veränderung. Im Wolfsburger Hauptquartier und Stammwerk des inzwischen weltweit tätigen Volkswagenkonzerns müssen Management und Mitarbeiter schnell reagieren, sicher entscheiden und entschlossen handeln. Ein Ansatz mag bei Problemen im eigenen Haus und Land rasch gefunden sein. Wieviel schwieriger ist es, das Unternehmen durch Ölkrisen, Inflationen und Restriktionen auf Märkten der dritten Welt zu steuern.

Und auch die Stadt trifft es. In ihrer Abhängigkeit von dem Unternehmen, das im Konzern rund 50 Milliarden DM umsetzt und 240000 Menschen beschäftigt, davon etwa 60000 im Werk Wolfsburg, vollzieht sie jedes Auf und Ab nach. Wie die Jahresringe das Alter und Wachstum eines Baumes lassen Planung und Bau der Volkswagenstadt gute und schlechte Zeiten erkennen.

Der weiträumigen Planung und dem Baubeginn für eine Stadt von 90000 Einwohnern folgten nach Kriegsende Jahre mangelnden Mutes und geschwundener Hoffnung. Mit mehr als 35000 Wolfsburgern mochte man nicht rechnen. Dann aber löste das »Wirtschaftswunder« einen Bauboom aus, den erst die Rezession Mitte der 60er Jahre stoppte. Einer neuerlichen Blüte setzte 1974 der »Ölschock« ein abruptes Ende.

Diese Stadt, nur acht Kilometer westlich der Grenze der DDR, hat ihre Existenzberechtigung in schweren Jahren erkämpft und ihre Lebensfähigkeit in wechselvoller Zeit behauptet. Bei der Neuordnung der Gemeinden im Raum Wolfsburg hat sie 1972 die Städte Fallersleben und Vorsfelde sowie achtzehn Dorfgemeinden aufgenommen, nachdem sie für ihr näheres Umland schon Ende der 60er Jahre Zentrum wirtschaftlicher, sozialer und kultureller Versorgung geworden war.

Modell des geplanten Industriekombinates: Die großzügige Auslegung der durch Längs- und Querstraßen gegliederten Hallenkomplexe ermöglichte nach 1950 den Ausbau des VW-Werkes Wolfsburg zur größten „Autofabrik unter einem Dach" in der Welt.
Das Unternehmen konnte die Fertigung steigern und erweitern, ohne den Materialfluß und die Produktionsabläufe zu unterbrechen. Architekten waren damals R. E. Mewes (Köln), K. Kohlbecker (Gaggenau) und F. Schupp/ M. Kremmer (Essen/Berlin), die 1937 getrennt Vorentwürfe abgegeben hatten, dann aber zu einer Arbeitsgemeinschaft zusammengefaßt wurden.
Der südliche Hallenkomplex mit dem Kraftwerk (doch ohne die hohen Schornsteine) am Mittellandkanal wurde noch fertig. Das Hochhaus steht etwa an der Stelle des heutigen Verwaltungsgebäudes. Auch war ein Hotel für die VW-Käufer geplant, die ihren Wagen selbst abholen wollten; dazu kam es nicht mehr.
Heute: Der mittlere Hallentrakt wurde in den drei Jahrzehnten nach dem Kriege gebaut und wesentlich verlängert. Der nördliche Abschnitt stellt sich heute nicht so geschlossen dar wie auf dem Modell von 1938. Industriearchitektur, Baumaterial und -technik haben sich gewandelt. Hier entstanden die „Roboterhalle 54" und das neue Kraftwerk.

Das Volkswagenwerk 1972: Anderthalb Kilometer lang ist der Randbau an der Südseite, der von den herausgezogenen Treppenhäusern in 22 Sektoren gegliedert, vom Verwaltungshochhaus im Westen und den beiden Kraftwerken mit ihren vier Schornsteinen im Osten flankiert wird. Die beiden kleineren Schornsteine markieren den Standort der Gießerei. Verschwunden sind die beiden Fußgängerbrücken über den Kanal und über die parallel laufende Eisenbahnstrecke. Tunnel verbinden die Parkplätze südlich des Kanals mit dem gesicherten Werksgelände. In den flachen Gebäuden am Kanalufer führen Rolltreppen Arbeiter und Angestellte in die Tunnel und heraus. Im Hochhaus mit dem neon-blau leuchtenden VW-Zeichen hat die Zentrale des weltweiten Konzerns ihren Sitz. Über die Sheddächer der Produktionshallen geht der Blick nach Nordosten auf das Schloß Wolfsburg und die Stadtteile Teichbreite und Tiergartenbreite. Hinter den Kraftwerksschornsteinen ist die Flußniederung zu erkennen, in der Aller-Park und See, Badeland und Eispalast entstanden.

Ihre Bewohner machen eine Stadt aus

Jede Stadt ist zunächst nur eine Ansammlung von Architektur, erst Menschen, die sich in ihr wohlfühlen, beleben sie. Die seit altersher ansässige Bevölkerung teilt ihre Heimat mit Menschen aus allen Regionen Deutschlands und Europas. Vertrieben, geflohen, spät umgesiedelt, von der Hoffnung auf Arbeit und auf neue Lebensaufgaben angezogen, suchten sie in der Volkswagenstadt ein Zuhause. Und viele fanden eine neue Heimat. Sie machen diese Stadt aus.

Das gilt auch für den ausländischen Bevölkerungsteil. Schon 1938/39 waren italienische Arbeiter nach Wolfsburg gekommen, um Stadt und Werk mit aufzubauen. Nur eine Handvoll blieb bis zum Kriegsende. Tausende, vor allem aus dem Süden Italiens, holte das Volkswagenwerk in den 60er Jahren an seine Fließbänder, als der Mauerbau in Berlin die Zuwanderung von Menschen aus Mitteldeutschland stoppte. Zunächst an der »Berliner Brücke«, später auch im Ortsteil Kästorf entstanden für die ausländischen Arbeiter Unterkünfte in zweigeschossigen Holzhäusern und mehrstöckigen Wohnungsbauten.

Aus dem Bild der Stadt sind die ausländischen Mitbürger nicht wegzudenken; wie auf der Piazza des Heimatortes treffen sie sich zum Gespräch in der Fußgängerzone. Mehr und mehr bestimmen auch ältere Menschen dieses Bild: pensionierte VW-Mitarbeiter, die hier mit den gleichaltrigen Kollegen von Werkbank und -band zu einem Kaffee und Schwätzchen zusammenkommen.

Fußgängerzone Porschestraße heute: Verkaufspavillons, Gaststätten, Biergärten, Spielplätze, Brunnenanlagen, Blumengrotten und heranwachsende Bäumchen bestimmen das bunte Bild der neuen „City". Die Nostalgie kommt aus dem Leierkasten.

Die alten Klischees gelten nicht mehr

Von der »künstlichen Stadt aus der Retorte«, der »Goldgräberstadt«, der »Schlafstadt« für erschöpfte Fließbandarbeiter war einst die Rede, wenn über Wolfsburg gesprochen wurde. Schon lange können solche Überheblichkeit und Mißgunst sich nicht mehr äußern. Das Angebot sozialer Versorgung für die ganz jungen wie für die älteren Wolfsburger, für die Kranken wie für die Bedürftigen und Behinderten deckt die Ansprüche einer städtischen Bevölkerung in solider Qualität.
Das gilt gleichermaßen für die Schulen, Bildungsstätten und die vielfältigen kulturellen Einrichtungen. Das Programm für Spiel und Sport, der Katalog der Möglichkeiten, Freizeit individuell zu gestalten, erfüllt Interessen einer sich wandelnden Industriegesellschaft und fordert zum Mitmachen auf. Besonders für die jüngere Generation gehören zur Qualität städtischen Lebens Geselligkeit, Austausch, erlebte Gemeinschaft ohne bindende Organisation. Sie wünscht sich originelle Treffpunkte, gemütliche Stätten der Begegnung und des Gesprächs, vom selbstverwalteten Jugendheim über die Disco bis zur kleinen Kneipe. Die Planer haben diese Straßenräume für das Miteinander beim Bau der neuen sowie bei der Umgestaltung der älteren Viertel und der Stadtmitte berücksichtigt.
Die ältere Generation fühlt sich nicht selten von Fallersleben, Vorsfelde und von anderen eingegliederten Ortsteilen angezogen. Mit überlieferten Bräuchen und mit Nostalgie in und zwischen alten Häusern kann das Neue oft nur schwer konkurrieren.

Einstieg in die Geschichte: Für die Wolfsburger und ihre Gäste beginnt die Vergangenheit im Schloß Wolfsburg, das ein Kulturzentrum eigener Art darstellt. Seine Räume bieten Künstlern Wohnung und Werkstatt, seine Säle dienen Ausstellungen und Konzerten. Auch das Heimatmuseum hat sich hier eingerichtet. Für interessierte Besucher – wie hier im Innenhof des Schlosses – finden Besichtigungen statt.

Porschestraße vor fünfzehn Jahren: Von der Einmündung der Goethestraße her hat der Fotograf mit dem Teleobjektiv über einige Entfernung das Schloß Wolfsburg herangeholt, das der neuen Stadt den Namen gab. Jung und alt sind an diesem Sonnabend auf den Beinen. Es ist „Flohmarkt". Die beiden durch Mittelstreifen getrennten, breiten Fahrbahnen sind für den motorisierten Verkehr vorübergehend gesperrt – Heute ist dieser Blick auf das Schloß, der einst die Straßenführung des „Bummel- und Geschäftsboulevards" bestimmte, nicht mehr möglich. Bunt zusammengewürfelt zu einer Art Basar, sperren flache Ladenbauten den einst starken Fahrzeugverkehr auf der Hauptstraße ebenso wie die Sicht auf die Türme und Renaissancegiebel des historischen Schlosses.

Von oben betrachtet: Das Rathaus mit der zweigeschossigen gestreckten Bürgerhalle und dem Sitzungssaal des Rates am einen, dem Bürohochhaus der Stadtverwaltung (mit dem Glockenspiel vor der hellen Wand aus Naturstein) am anderen Ende. Die Wolfsburger Architekten T. Taeschner und R. Gerdes bauten es. Das Kulturzentrum, das fächerartig seine Hörsäle auf den Rathausplatz hinausschiebt, schuf der Finne Alvar Aalto. Volkshochschule und Stadtbibliothek haben hier ihre Hauptstellen. Bei schönem Wetter lockt der windgeschützte Dachgarten. Sitzgrotten, Blumenrondelle, Brunnen mit Wasserbecken und Metallplastiken gestalten den Rathausplatz, auf dessem buntgepflasterten Raster mittwochs und sonnabends Wochenmarkt stattfindet. Rundherum Parkplätze, selbst auf der einst so belebten Porschestraße (Bildmitte) ruht jetzt der Verkehr. Wo hier noch Autos abgestellt sind, wachsen heute Platanen. Unten rahmen die „alten" Häuserzeilen der Schillerstraße, oben die des Rathenauplans, links daneben die Ge-

bäude des Ratsgymnasiums mit Aula und Sporthalle den Blick ins Herz der Stadtmitte.
Am Bildrand führt in Verlängerung der Goethestraße die Pestalozziallee zwischen dem Ratsgymnasium und der Christophoruskirche (nicht im Bild) hindurch zum Schillerteich, auf dessen Schwaneninsel spätere Planer die »Stadtkrone« bauen wollten. Gegenüber dem Ratssitzungssaal hat die – neben der Legislative und Exekutive – dritte der drei staatlichen Gewalten in einer Demokratie ihren Sitz: das Gericht.

Eine Stadt im Wettbewerb

Im Wettbewerb steht die junge Großstadt, deren Bevölkerung hochmotorisiert ist, auch mit den benachbarten, attraktiven Einkaufsstätten in einem größeren Wirtschaftsraum. In einladenden Kaufhäusern und sympathischen Läden fur den individuellen Geschmack soll ein vielfältiges und preiswertes Angebot an Waren und Dienstleistungen den Abfluß der Kaufkraft aus der Stadt stoppen. Die Stadtplaner gestalteten Ende der 70er Jahre die ursprüngliche Stadtmitte neu. Sie schufen eine einkaufsfreundliche City, bequem zu erreichen, mit Busverbindungen im öffentlichen Nahverkehr sowie Ringstraßen mit Parkplätzen und -häusern für das private Auto. Der Fußgängerbereich gestattet ungefährdetes Bummeln, Sehen und Gesehenwerden, Informieren, Auswählen, Kaufen – und Ausruhen.

Darüber hinaus soll die Stadtmitte nicht nur als Standort öffentlicher Einrichtungen für die Versorgung und Verwaltung – vom Rathaus bis zur Hauptpost – die in dieser Hinsicht weitgehend eigenständigen Ortsteile und zur Selbständigkeit neigenden Stadtviertel zusammenhalten. In dem Theater, der vielen Aufgaben dienenden Stadthalle, dem Planetarium, der Stadtbücherei, Volkshochschule, den Freizeiteinrichtungen für die Jugend erfüllt sie im Stadtzentrum auch einen Teil der kulturellen Ansprüche und Freizeitbedürfnisse, soweit diese Aktivitäten nicht im Schloß Wolfsburg oder in den historischen Stätten der eingegliederten Gemeinden festen Platz haben.

Neben dem Interesse an der hochtechnisierten Automobilproduktion des Volkswagenwerkes und am Auto-Museum finden zunehmend die Geschichte und Sehenswürdigkeiten der Stadt Beachtung bei den Besuchern, auch aus dem europäischen Ausland und aus Übersee. Die vor Ort angebotene Information über Realität gewordene Konzeptionen, ob im Städtebau oder in der Automobilproduktion mit Robotern, macht Wolfsburg häufig zum Veranstaltungsort für internationale Kongresse.

Bald fünfzig Jahre nach Gründung der Stadt werden die wirtschaftlichen, sozialen und kulturellen Angebote, zu denen ein vielfältiges Freizeitprogramm hinzukommt, von den Bewohnern eines weit über die Stadtgrenzen hinausreichenden Lebensraumes in Anspruch genommen. Nicht durch geplante Aufgabenverteilung, sondern im freien Wettbewerb mit starken Nachbarn hat Wolfsburg sich behauptet.

Rat und Verwaltung der Stadt sind entschlossen, diese Position zu festigen. In der gegenwärtigen Phase stagnierender Bevölkerungsentwicklung setzen sie in ihren Vorhaben den Akzent auf Konsolidierung nach innen und außen. Wichtig erscheint ihnen dabei, die Identifizierung der Bürger mit ihrer Stadt zu intensivieren. Nicht nur der Stadtkern soll durch weiteren Um- und Ausbau noch anziehender werden, auch seine bisher vernachlässigten Ränder sollen städtebaulich durchgestaltet werden und ihr eigenes Profil bekommen. Eine besonders reizvolle Aufgabe, die Achtung vor Bautraditionen, sicheres Stilgefühl und große Behutsamkeit erfordert, ist die Fortentwicklung und Belebung liebenswerter alter Wohnquartiere in Fallersleben und Vorsfelde sowie in den dörflichen Ortsteilen. Ein geübtes Auge und eine geschulte Hand werden auch gebraucht, wenn es, wie geplant, an die Korrektur früherer Fehler und an die weitere, auch ökologische Gestaltung der Naturbereiche geht, die das Bild der Autostadt bereichern.

Wirkungen und Veränderungen aus politischem und wirtschaftlichem Handeln schufen und wandeln die Situationen – Bürger gestalten sie. In allen Lebensbereichen, über die nun nachfolgend gesondert und ausführlicher berichtet wird, zeigt das Werden und Wachsen der Stadt besondere Phasen.

Ursprung und Werden der neuen Stadt

Kommunales

Die kommunalgeschichtliche Entwicklung Wolfsburgs kennt fünf entscheidende Stationen, in denen jeweils die Weichen für die zukünftige Richtung gestellt wurden:

- Gründung einer »Stadt des KdF-Wagens bei Fallersleben« (1938)
- ein neuer Anfang (1945)
- die Auskreisung (1951)
- die Erstausstattung (1955)
- die Verwaltungs- und Gebietsreform (1972)

Ihren Namen trägt die städtische Siedlung, deren Werden der Zweite Weltkrieg unterbrach, erst seit dem 22. Juni 1945: Eine von der britischen Militärregierung eingesetzte Stadtverordneten-Versammlung benannte sie nach dem Schloß Wolfsburg. Ein kantiger Bergfried überragt jenes stattliche Bauwerk, dessen Architektur im 16. Jahrhundert von der Weser-Renaissance gestaltet wurde.

Dieser mächtige Wehrturm erinnert an weiter zurückliegende Zeiten, als Wallanlagen an beiden Ufern des sich von Ost nach West ziehenden Urstromtals der Aller hier eine Furt schützten. Auf der Wolfsburg hatten bis 1742 die Bartensleben, bis zum Bau des Volkswagenwerkes und der Stadt die Grafen von der Schulenburg ihren Sitz.

Mit einem Wehrturm beginnt die Geschichte: Ihn wählten und erweiterten die Brüder Borchard, Gunzelin, Gunther und Werner von Bartensleben zum standesgemäß „Adelichen Sitz", als sie 1302 ihre Kirchvogtei Hehlingen aus dem Pfarrbezirk Heiligendorf lösten. Die Wolfsburg wurde eine bewaffnete Festungsanlage, die auch den 30jährigen Krieg und die wechselnde dänische, französische, kaiserliche und schwedische Besatzung unbeschadet überstand. Die Familie von der Schulenburg kam in den Besitz des Schlosses, seiner ausgedehnten Ländereien und Wälder, als Anna Adelheit Catharina von Bartensleben, die keine Brüder hatte, 1742 das Erbe antrat und den als Nachbarn bekannten Grafen Adolf Friedrich von der Schulenburg heiratete, der als Generalleutnant im 1. Schlesischen Krieg bei Mollwitz fiel. 1943 verkauften die Schulenburgs das Schloß an die „Stadt des KdF-Wagens", die es 1947 dem Land Niedersachsen überließ. Flüchtlinge und Vertriebene fanden hier lange Jahre eine Unterkunft, bis im März 1961 die Stadt das Schloß zurückkaufte, dem sie ihren Namen verdankt. Mehr als nur ein sehenswertes Baudenkmal aus der Weserrenaissance ist das stattliche Haus heute bedeutendes Kulturzentrum der Industriestadt.

Im 19. Jahrhundert kündigte der Bau einer der bedeutendsten West- und Osteuropa verbindenden Eisenbahnstrecken in der idyllischen Landschaft lärmend an, daß es mit Beschaulichkeit und Stille zwischen ausgedehnten Wäldern und Mooren, kargen Feldern und lieblichen Wiesentälern bald vorbei sein würde. Eine neue Zeit war angebrochen mit schnellem Wandel wirtschaftlicher, sozialer, kultureller und politischer Strukturen.

Schiene, Kanal und Autobahn

Ende der 20er Jahre des neuen Jahrhunderts wurde der Mittellandkanal gebaut. Er führte am südlichen Ufer des Allertales entlang und verband Berlin und die Mitte des damaligen Reichsgebietes mit dem Industrierevier an Rhein und Ruhr. Nicht geplant war damals der Elbe-Seitenkanal, der seit 1970 westlich Wolfsburg den Mittellandkanal mit der Elbe und Hamburg verbindet. Die Teilung Deutschlands machte ihn erforderlich; auf der Elbe war im Bereich der DDR ein störungsfreier Schiffsverkehr zeitweise nicht garantiert.
1937 wurde die Ost-West-Autobahn (A 2) von Berlin nach Hannover fertig, die, nur ein Dutzend Kilometer entfernt, südlich Wolfsburg verläuft.

Der Graf und sein jüngster Enkel: Günther von der Schulenburg, der 1985 verstarb, hat miterlebt, wie das „Wolfsburger Ländchen" dem Verkehr und der Industrie erschlossen wurde. Vergebens wehrte er sich; er mußte einen großen Teil des Bodens hergeben, auf dem das Werk und die Stadt gebaut wurden. Die drei Wappen an seiner Seite zeigen den über Ährengarben springenden Wolf, links Greifenklauen, rechts ein Pflugschar. Der Ehrenbürger der Stadt wohnte mit seinem Sohn Günzel und Familie im Gutshaus im Ortsteil Nordsteimke.

Rat und Verwaltung der Stadt

Als Bundesland, das nach 1945 unter Kontrolle der britischen Militärregierung stand, sieht Niedersachsen für seine Städte und Gemeinden nach englischem Vorbild eine deutliche Trennung von Legislative und Exekutive vor: zwischen der beschließenden und kontrollierenden Ratsversammlung und der ausführenden Verwaltung. Der Rat wählt aus seiner Mitte für die Dauer der fünfjährigen Legislaturperiode ein Ratsmitglied zum Bürgermeister (in kreisfreien Städten: Oberbürgermeister), und er bestellt für die Spitze der Verwaltung meistens für zwölf Jahre Beamte als Gemeindedirektoren, Stadt- bzw. Oberstadtdirektoren oder Dezernenten der Fachressorts.

Als 1938 die »Stadt des KdF-Wagens« geschaffen wurde, war die Deutsche Gemeinde-Ordnung (DGO) vom 30. Januar 1935 Rechtsgrundlage für die Bildung der kommunalen Organe: Der örtliche Beauftragte der NSDAP schlug der oberen Aufsichtsbehörde Bürgermeister und Stellvertreter (Beigeordnete) vor; mit behördlicher Zustimmung durfte die Gemeinde sie dann ernennen. Auch die Ratsherren wurden vom Beauftragten der NSDAP unter besonderer Berücksichtigung ihrer politischen Zuverlässigkeit im Benehmen mit dem Bürgermeister berufen; sie wurden nicht von den Einwohnern gewählt.

Der Partei war es also möglich, die Stadtverwaltung völlig zu kontrollieren. Dem Bürgermeister von ihren Gnaden räumte die Gemeindeordnung unumschränkte Macht ein. In dieses Amt entsandte 1938 der Lüneburger Regierungspräsident zunächst als Starthelfer seinen Assessor Karl H. Bock. Ein halbes Jahr später bestellte er dann mit Zustimmung des Reichsinnenministeriums den erfahrenen Stadtrat Werner Steinecke aus der Berliner Stadtverwaltung ehrenamt- 〉

Der Standort

Die von Frankfurt nach Hamburg heraufführende Autobahn (A 7) sollte mit einer östlichen Trasse das neue Industriegebiet Salzgitter (Reichswerke Hermann Göring) erschließen und die junge Autostadt mit der A 2 und mit dem überregionalen Schnellstraßennetz verbinden. Diese Planung wurde nie verwirklicht. 1982 schließlich wurde ein kurzer Anschlußstutzen (A 39) für den Schnellverkehr zwischen Wolfsburg und der A 2 freigegeben. Vier Jahrzehnte hindurch rollten die Wolfsburger und ihre Besucher, die Zulieferer und Pendler der größten Autofabrik Europas im Postkutschentempo über die schmale, unfallträchtige Bundesstraße 248.
Das Netz aus Wasserwegen, Schienen und Straßen sowie Pläne für eine Binnenkolonisation – für die Erschließung der bevölkerungsarmen, bis dahin landwirtschaftlich genutzten Region – gaben 1938 den Ausschlag für die Entscheidung. In diesen Raum hinein sollte das geplante Automobilwerk und eine neue Arbeiterstadt gestellt werden. Hier wollte Adolf Hitler, Machthaber im Dritten Reich, sein Konzept von einem »Auto für das Volk« beispielhaft in die Tat umsetzen, nachdem eine Zusammenarbeit mit der traditionsreichen deutschen Automobilindustrie gescheitert war.
Den »Volkswagen«, der nach der parteigebundenen Massenorganisation für Freizeitgestaltung »Kraft durch Freude« KdF-Wagen heißen sollte, hatte der österreichische Konstrukteur Ferdinand Porsche bereits auf die vier Räder gestellt. Für die Produktionsstätte wurde am 26. Mai 1938 in halber Entfernung zwischen dem Schloß Wolfsburg und dem Städtchen Fallersleben der Grundstein gelegt.

Die Stadtgründung

Fünf Wochen später, am 1. Juli 1938, wurde durch Verordnung des Oberpräsidenten in Hannover die »Stadt des KdF-Wagens bei Fallersleben« gegründet. Zur Arbeits- kam die Wohnstätte. Auf der Rechtsgrundlage der Deutschen Gemeindeordnung von 1935 wurden staatlich-autoritär die dörflichen Gemeinden Rothehof-Rothenfelde und Heßlingen aufgelöst. Zusammen mit ausgegliederten Flurstücken der Nachbargemeinden wurden sie in die städtische Neugründung eingebracht.

Ebenso autoritär wurden der Gemeinde ihre Verwaltungsorgane – Bürgermeister, Beigeordnete und Ratsherren – verordnet. 30000 Reichsmark Betriebsmittel überwies die Bezirksregierung Lüneburg für den Beginn, da der Siedlungsveranlasser, die Deutsche Arbeitsfront (DAF), nicht zahlte. Es gab 857 Einwohner.

„Die Deutsche Gemeindeordnung will die Gemeinden in enger Zusammenarbeit mit Partei und Staat zu höchsten Leistungen befähigen und sie damit instand setzen, im wahren Geiste des Schöpfers gemeindlicher Selbstverwaltung, des Reichsfreiherrn vom Stein, mitzuwirken an der Erreichung des Staatszieles: in einem einheitlichen, von nationalem Willen durchdrungenen Volke die Gemeinschaft wieder vor das Einzelschicksal zu stellen, Gemeinnutz vor Eigennutz zu setzen und unter Führung der Besten des Volkes die wahre Volksgemeinschaft zu schaffen, in der auch der letzte willige Volksgenosse das Gefühl der Zusammengehörigkeit findet." (Präambel zur DGO vom 30.1.1935)

Nur ein kurzer Anschlußstutzen: Die Autobahn A 39 verbindet die A 2 (Berlin–Ruhrgebiet) mit der Volkswagenstadt. Ursprünglich sollte hier die östliche Trasse einer großen Nord-Südautobahn (heute A 7) verlaufen. Vor der dichten und hohen Bebauung des Stadtviertels Westhagen verlieren sich die kleinen Einfamilienhäuschen des Ortsteils Mörse.

Den Planern standen für den Bau einer Stadt von 90000 Einwohnern etwa 3000 Hektar Land zur Verfügung.

Doch nur Bruchstücke der ehrgeizigen Planung fanden Gestalt in den Stadtteilen Steimkerberg, Schillerteich und Stadtmitte (Wellekamp). Der Zweite Weltkrieg bremste und stoppte schließlich den Bau. Bei seinem Ende waren 3000 Wohnungen fertig; die »Stadt« war vor allem ein riesiges Barackenlager. Sie zählte 17109 Bewohner, 8234 waren Deutsche. Aus ihrer osteuropäischen Heimat deportierte Frauen und Männer, offiziell Fremdarbeiter genannt, und Kriegsgefangene stellten die Mehrheit der Wolfsburger »Bevölkerung«.

› lich zum kommissarischen Bürgermeister. Ehrenamtlich aber nur formell: In Wirklichkeit fungierte der Bürgermeister als Angestellter der DAF, und das Volkswagenwerk hatte seine Personalkosten zu bezahlen.

Dem »ehrenamtlichen« Bürgermeister standen hauptamtlich als Beigeordnete der Stadtbaurat und ein Stadtrat zur Seite; daneben gab es sechs Ratsherren. So sah es die erste Hauptsatzung der Stadt vom 29. März 1939 vor, die drei Jahre später durch eine Neufassung ersetzt wurde. Jetzt war auch der Bürgermeister hauptamtlich angestellt wie seine nunmehr vier Beigeordneten (ein Stadtkämmerer und ein Erster Beigeordneter kamen hinzu). Die Zahl der Ratsherren erhöhte sich auf achtzehn.

Heute zählt der Rat der Stadt Wolfsburg 49 Mitglieder. Sie wurden von den wahlberechtigten Wolfsburgern für die Dauer von fünf Jahren frei, geheim, unmittelbar, gleich und allgemein gewählt. An ihrer Spitze stehen der Oberbürgermeister und als seine Vertreter der Erste und der Zweite Bürgermeister. Das Schwergewicht der kommunalpolitischen Arbeit liegt bei den 17 Ratsausschüssen (für Finanz, Bau, Soziales, Jugend usw.) Sie bereiten die von der Verwaltung oder gemeinsam mit ihr erarbeiteten Vorlagen beschlußreif vor für die Entscheidung der Ratsversammlung, die fast ausnahmslos öffentlich berät. Vorgänge begrenzter Bedeutung, die nicht vom Gesamtrat entschieden werden müssen, werden vom Verwaltungsausschuß des Rates abgeschlossen; dessen Mitglieder führten früher die Bezeichnung »Senator« und nennen sich jetzt wieder – obwohl ehrenamtlich – »Beigeordnete«. Ein Oberstadtdirektor und ein Stadtdirektor sowie vier Dezernenten bilden die Spitze der Stadtverwaltung. □

So wird das Auto aussehen: Ferdinand Porsche zeigt Adolf Hitler und Robert Ley (Mitte) ein detailgetreu durchgearbeitetes Modell des KdF-Wagens.

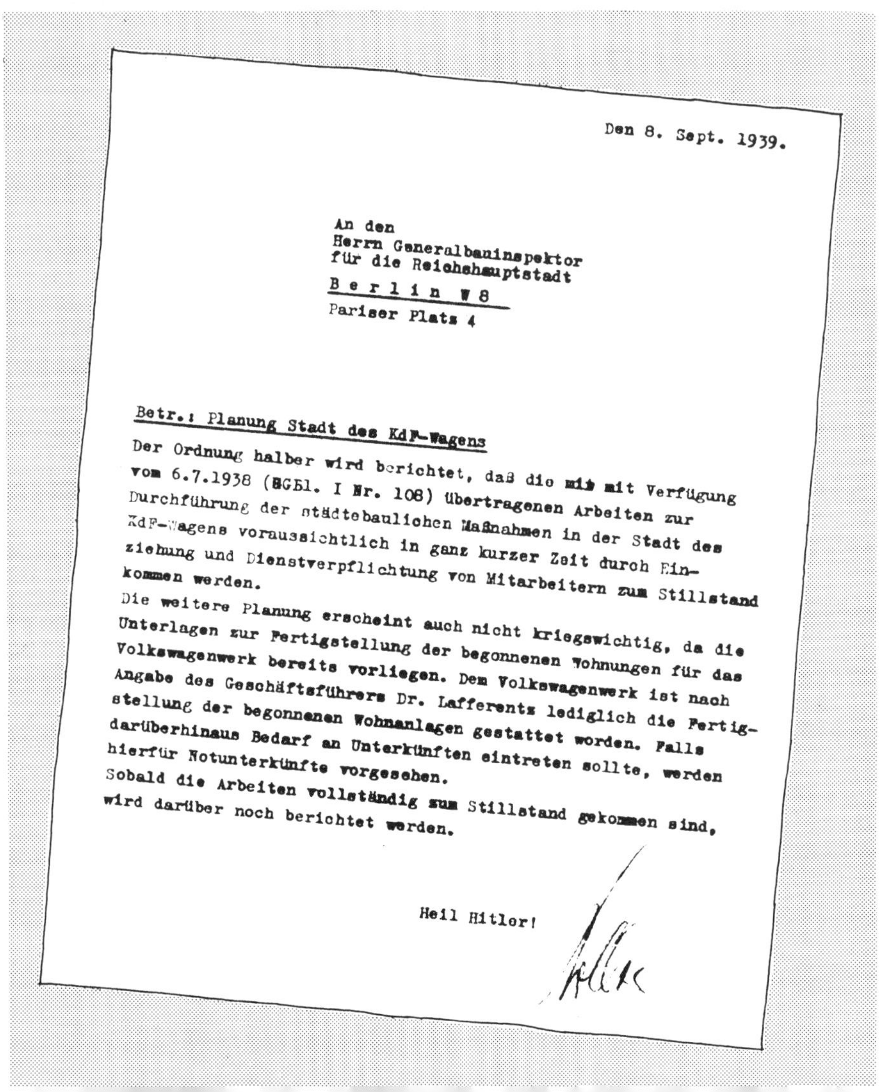

Den 8. Sept. 1939.

An den
Herrn Generalbauinspektor
für die Reichshauptstadt
Berlin W 8
Pariser Platz 4

Betr.: Planung Stadt des KdF-Wagens

Der Ordnung halber wird berichtet, daß die mit mit Verfügung vom 6.7.1938 (RGBl. I Nr. 108) übertragenen Arbeiten zur Durchführung der städtebaulichen Maßnahmen in der Stadt des KdF-Wagens voraussichtlich in ganz kurzer Zeit durch Einziehung und Dienstverpflichtung von Mitarbeitern zum Stillstand kommen werden.

Die weitere Planung erscheint auch nicht kriegswichtig, da die Unterlagen zur Fertigstellung der begonnenen Wohnungen für das Volkswagenwerk bereits vorliegen. Dem Volkswagenwerk ist nach Angabe des Geschäftsführers Dr. Lafferentz lediglich die Fertigstellung der begonnenen Wohnanlagen gestattet worden. Falls darüberhinaus Bedarf an Unterkünften eintreten sollte, werden hierfür Notunterkünfte vorgesehen.

Sobald die Arbeiten vollständig zum Stillstand gekommen sind, wird darüber noch berichtet werden.

Heil Hitler!

Koller

Notunterkünfte vorgesehen: Stadtbaurat Peter Koller erwartet Stillstand im Wohnungsbau.

Himmelfahrtstag 1938: Grundsteinlegung für das Werk, in dem diese Autos gebaut werden sollen – Limousine mit und ohne Faltdach und das Cabriolet.

Notunterkünfte fertig: Wolfsburgs „neue" Stadtviertel hießen nun „Lager" – Reislinger-, Rothenfelder-, Sandkämper-, Laagberglager.

Aufbau und Zerstörung bis 1945: Sechs Luftangriffe zwischen April und August 1944 zerstörten zwei Drittel des in der ersten Baustufe fertiggestellten Autowerkes. 55 Menschen, größtenteils Zwangsarbeiter, wurden getötet, Hunderte verletzt. Der „Heimatflak" mit vier Geschützen, an denen Wolfsburger Bürger standen, gelang ein Abschuß: Der viermotorige Bomber stürzte auf Halle I, die Besatzung landete mit dem Fallschirm auf dem Steimkerberg.

Ein neuer Anfang

Nach dem Kriegsende 1945 dauerte es noch drei Jahre, bis eine stetige kommunale Entwicklung auf demokratischem Fundament möglich wurde. Zunächst noch mußte am 18. April 1945 eine deutsche Abordnung mit weißen Fahnen die Amerikaner in die Stadt holen, in der ausländische Zwangsarbeiter ihre während des Krieges erlittene menschenverachtende Behandlung mit Plünderung und Gewalttaten vergalten. Die US-Armee hatte am Tage zuvor einen einzelnen Panzer zur Erkundung in jene seltsame Ansammlung aus Baracken und halbfertigen Stadtteilen geschickt, die auf ihren Karten nicht verzeichnet war, im übrigen aber ihre Panzer in Fallersleben zurückgehalten. Der Deutschamerikaner Fietz, damals Leiter des VW-Preßwerkes, und Monsignore Antonius Holling, katholischer Ortspfarrer der ersten Stunde, führten die Abordnung der Wolfsburger.
Den Amerikanern folgten britische Besatzungstruppen. Von der Zustimmung ihrer Militärregierung waren alle Maßnahmen einer kommunalen Verwaltung und Weiterentwicklung abhängig. Das galt auch für die Beschlüsse der von ihr eingesetzten Stadtverordneten-Versammlung.
Die Wolfsburger Wahlberechtigten konnten ihre eigene Ratsversammlung erst im September 1946 wählen, nachdem es bereits am 16. Dezember 1945 in der Bevölkerung eine Nominierungswahl für den „Stadtausschuß", gegeben hatte, einem Vorläufer des späteren Stadtparlaments. Die heute verbindliche Niedersächsische Gemeinde-Ordnung (NGO) trat 1955 in Kraft. Bis dahin galt ab 1. April 1946 eine revidierte Fassung der Deutschen Gemeinde-Ordnung.
Während britische Besatzungsoffiziere in den ausgebombten »Wolfsburg Motor-Works« eine bescheidene Autoproduktion angekurbelt hatten, fehlte der Stadt für ihren weiteren Ausbau die wichtigste Voraussetzung: Sie verfügte nicht über Grund und Boden, Straßen und Wege zu bauen, Leitungen für die Versorgung, Kanäle

Bis 1941 fertig: Die Goethestraße, breite Ost-West-Achse durch das Viertel Stadtmitte, hier von ihrer Einmündung in die Lessingstraße her gesehen.

Mit dem obligaten Stöckchen, sonst unbewaffnet: Britische Offiziere besprechen sich mit deutschen VW-Angehörigen am Käfer-Cabriolet. Major Ivan Hirst (links mit Barett) begann die Produktion ziviler Volkswagen in Wolfsburg, nachdem bis 1945 neben anderem Material nur Militärfahrzeuge für die Wehrmacht gefertigt worden waren.

Namensänderung 1945: In den Wolfsburg Motor Works begannen die Mechaniker der britischen Besatzungsarmee mit der Reparatur ihrer kriegsbeschädigten Fahrzeuge, da die Truppe nach dem Waffenstillstand kein neues Material mehr erhielt. Die zivilen Fahrzeuge im Regierungsbezirk hatten ein Lüneburger Kennzeichen.

für die Entsorgung – kurz: um Infrastruktur zu schaffen. Diese erst hätte die Errichtung von Wohnungen für die schnell wachsende Bevölkerung zugelassen, Gewerbe, Handel, Dienstleistungen ermöglicht. Der für die Stadt einst angekaufte Grundbesitz war aus steuerlichen Gründen seinerzeit in das Grundbuch des Volkswagenwerkes eingetragen worden.

Wahlen und Wähler

Die erste demokratische Gemeindewahl fand in Wolfsburg am 15. September 1946 statt. Zu wählen waren 21 Ratsherren. Wahlberechtigt waren 10 063 Wolfsburger, das waren etwas mehr als die Hälfte der Einwohner. 69 Prozent machten von ihrem Wahlrecht Gebrauch und wählten achtzehn Kandidaten der SPD, zwei der CDU und einen der KPD. Da in der neuen Stadt mit der Bevölkerung die Zahl der Wahlberechtigten schnell wuchs, wurden nach dem Gesetz Gemeindewahlen in kürzeren Abständen als den damals vorgeschriebenen vier Jahren erforderlich.

So wurden die wahlberechtigten Wolfsburger in den knapp zwei Jahrzehnten von 1946 bis 1964 zehnmal an die Urnen gerufen.

Bei den Kommunalwahlen 1981, zu der mit 91 269 Wahlberechtigten 70 Prozent der Wohnbevölkerung zugelassen waren (Wahlbeteiligung 72,6 Prozent), erzielte die CDU mit 55% die absolute Mehrheit. Die Sozialdemokraten erreichten 34%, die Freidemokraten 6% und die Grünen 5% der gültigen Stimmen. Das war nicht immer so gewesen: Mit Ausnahme der Wahlen von 1954, als die Christdemokraten gleichgezogen hatten, und einem Rechtsrutsch 1948 war die SPD die stärkste Fraktion, bis am 3. Oktober 1976 bei einer Rekord-Wahlbeteiligung von 91,37 Prozent die CDU die Serie der SPD-Erfolge durchbrach (CDU 49% – SPD 44% – F.D.P. 6%) und wieder den Oberbürgermeister stellte. Auch früher schon hatten Christdemokraten, obwohl die SPD die stärkste Fraktion stellte, gelegentlich das höchste Ehrenamt der Stadt bekleidet, wenn die CDU mit anderen Parteien in einer Fraktionsgemeinschaft koalierte. ›

› *Dafür bot sich neben den Freidemokraten, die mit bis zu drei Sitzen oft »das Zünglein an der Waage« spielten, der Block der Heimatvertriebenen und Entrechteten (BHE) an, der lange die drittstärkste politische Kraft in Wolfsburg war und sich später mit der national betonten, konservativen Deutschen Partei (DP) zur Gesamtdeutschen Partei (GDP) vereinigte. Die noch weiter rechts angesiedelten Gruppierungen erzielten nach dem eindeutig sozialdemokratisch geprägten Wiederbeginn schon bei der zweiten Ratswahl 1948 einen sensationellen Erfolg: Die Deutsche Rechts-Partei (DRP), die sich 1951 in Deutsche Reichs-Partei umbenannte, gewann auf Anhieb 17 Mandate gegenüber 6 der SPD und 2 der CDU. Schon ein halbes Jahr später mußte wieder gewählt werden.*

Die DRP war nicht mehr dabei. Die Stimmen von rechts holte sich die Deutsche Partei. Sie wurde mit zwölf Sitzen stärkste Ratsfraktion (SPD 8 – CDU 4 – KPD 1). Ehe jüngst die Grünen in den Rat einzogen, hatten die Kandidaten der unabhängigen Wähler (UWG) mit zwei und drei Mandaten beachtliche Erfolge in der Ratsarbeit von 1964 bis 1976. □

Ein neuer Bebauungsplan und die Währungsreform

Jetzt verfügten die Alliierten über das beschlagnahmte Volkswagenwerk, und sie wollten die Grundstücksfrage so lange nicht antasten, wie es keine Grundsatzentscheidung ihres Kontrollrates gab. Der 1947 in Auftrag gegebene Generalbebauungsplan rechnete deshalb auch nur noch mit 35 000 Einwohnern. Erst 1949 ließen die Alliierten die langfristige Verpachtung von Grundstücken nach dem Erbbaurecht zu. Zuvor hatte jedoch 1948 die Währungsreform die Grundlagen für einen Aufschwung geschaffen, der Wolfsburg wie keine andere Stadt wachsen und gedeihen lassen sollte.

Die Auskreisung

Am 15. Mai 1951 wurde Wolfsburg kreisfrei. Die städtische Neugründung mit großem Finanzbedarf für Infrastruktur und Wohnungsbau war bis dahin im Kreis Gifhorn mit seinen ländlichen Gemeinden eine Belastung. Besonders groß war die Wohnungsnot: Hier stand Wolfsburg selbst vor zerstörten Großstädten wie Berlin, Hamburg, Frankfurt an der Spitze.

Die Industriestadt mit schnell steigenden Steuereinnahmen aber war andererseits eine erfreulich sprudelnde Geldquelle, auf die Gifhorn nur ungern verzichten wollte. Sechzig Prozent der Einnahmen des Landkreises kamen aus der Volkswagenstadt, die im Kreistag aber noch nicht einmal über zwanzig Prozent der Stimmen verfügte.

Nach der Auskreisung nun brauchte Wolfsburg die Kreisumlage in Höhe von mehreren Millionen DM nicht mehr zu entrichten, sondern konnte die Mittel voll und selbstverantwortlich für eigene Investitionen einsetzen. Die Verwaltungsorgane Wolfsburgs waren innerhalb des Regierungsbezirks Lüneburg selbständig und nicht mehr an Kreistag und -verwaltung in Gifhorn gebunden. Wolfsburg war mündig geworden.

Die Erstausstattung

Auch eine junge Stadt hat wie mündig gewordene Menschen, die sich im Leben entwickeln sollen, Anspruch auf eine geeignete Ausstattung. Für Wolfsburg wurde sie in einem Vergleich geregelt, den nach langen Auseinandersetzungen Bundesrepublik, Land Niedersachsen, die Stadt und das Volkswagenwerk am 21. Februar 1955 schlossen. Anstelle einer Barleistung für die kommunale Erstausstattung erhielt die Stadt mit etwa 1 550 Hektar den größten Teil des Grundes und Bodens auf ihrem Gebiet als Eigentum. Das Volkswagenwerk hatte aufgrund eines Sondervertrages 9,5 Millionen DM zu zahlen.

Dieser späten Regelung war vorausgegangen, daß die Alliierten das beschlagnahmte Vermögen der ehemaligen Deutschen Arbeitsfront (DAF), die die Stadtgründung veranlaßt hatte, freigaben und an die Bundesrepublik und das Land Niedersachsen als Rechtsnachfolger übertrugen.

Zum ersten Mal seit ihrer Gründung stand die Stadt – nicht nur bildlich – auf sicherem und eigenem Boden. Sie zählte bereits 44 397 Einwohner, als sie die weitere Entwicklung endlich selbst in die Hand nehmen konnte. Auch am Geld dafür mangelte es nicht: Mit 690 DM Steuereinkommen pro Einwohner hielt die Stadt 1955 die Spitze in der Bundesrepublik. Und die Gewerbesteuereinnahmen wuchsen kräftig mit den Produktionserfolgen des Volkswagenwerkes, das im selben Jahr den einmillionsten Wagen fertigte.

Sternstunde für Volkswagenwerk und -stadt: Mit Gründung der Bundesrepublik Deutschland 1949 verzichtet die Alliierte Militärregierung auf die Kontrolle der beschlagnahmten Vermögenswerte des Dritten Reiches und überträgt sie den Deutschen. Colonel Radcliffe, britischer Kontrolleur für den Bereich Industrie und Handel, und Bundeswirtschaftsminister Ludwig Erhard (rechts) unterschreiben die Urkunde.

Wer ins Wolfsburger Rathaus will, muß zunächst den Wolf packen: Handgriff an den schweren Kupfertüren, die sich am 22. März 1958 zum ersten Male dem Bürger öffneten. In großen Lettern steht die Geschichte der Stadt aus den ersten beiden Jahrzehnten auf den Türen. Da heißt es u.a.: „Dieses Rathaus wurde im Jahre 1954 geplant, sein Grundstein am 20.7.1955 gelegt, und der Bau bei Frühlingsanfang 1958 vollendet. Im zwanzigsten Jahr ihres Bestehens übergibt die Stadt Wolfsburg ihren Bürgern dieses Haus. Es diene zu allen Zeiten dem gemeinsamen Wohl, sei eine Stätte weiteren friedlichen Fortschritts und stehe festgefügt unter Gottes Segen."

Von seiner Tribüne aus kann der Bürger an der Ratssitzung teilnehmen: In zwei Reihen sitzen sich die Fraktionen der SPD (auf dem Foto rechts) und der CDU gegenüber, dazwischen die Ratsmitglieder der F.D.P. und der Grünen auf der einen Seite, auf der anderen Oberbürgermeister und Bürgermeister, Oberstadtdirektor, Stadtdirektor und Dezernenten. Die Sitzanordnung im Kreis soll das – trotz oft unterschiedlicher Auffassungen – Gemeinsame der Arbeit für die Stadt und ihre Einwohner deutlich machen.

Die Entwicklung zur Großstadt

Die weitere, oft stürmische Entwicklung wirkte auch tief in das Wolfsburger Umland hinein und veränderte Gesicht und Gesellschaft der ländlichen Gemeinden. Um den dörflichen Kern mit seinen Bauernhäusern entstanden schmucke Eigenheimsiedlungen. Selbstbewußte Automobilarbeiter mit gutem Lohn in der Tasche, eigenem Auto, geregelter Arbeitszeit und vielfältigen Freizeitinteressen durchsetzten die bäuerliche Bevölkerung, die mehr und mehr die „Vorzüge" der Industriearbeit mit den harten Bedingungen in der Landwirtschaft verglich.

Wachstum und Wandel bekamen besonders die benachbarten Städte Fallersleben und Vorsfelde zu spüren. 1938 waren sie Ackerbürgerstädte und Handelsplätze von kaum mehr als lokaler Bedeutung mit etwa 2000 Einwohnern. Doch 1970 war ihre Bevölkerungszahl auf das Fünf- bis Sechsfache gewachsen.

Wolfsburg und den unabhängigen Umlandgemeinden erschien es angesichts der ebenfalls wachsenden Aufgaben sinnvoll und zweckmäßig, gemeinsam Einrichtungen für die Ver- und Entsorgung (Fernwärme, Müll) wie auch Freizeitprojekte zu betreiben. Der Niedersächsische Landtag trug im Rahmen seiner Verwaltungs- und Gebietsreform der Entwicklung zu größeren kommunalen Einheiten auch in dieser Region Rechnung.

Die Verwaltungs- und Gebietsreform

Mit seinem »Gesetz zur Neugliederung der Gemeinden im Raum Wolfsburg« vereinigte das Landesparlament achtzehn Umlandgemeinden sowie Fallersleben und Vorsfelde mit Wolfsburg zu einer kommunalen Einheit. Es war der 1. Juli 1972: Wolfsburg war eine Großstadt geworden. Sie zählte 130979 Einwohner und erstreckte sich über 200 Quadratkilometer.

Die bis dahin selbständigen, über Jahrhunderte gewachsenen Gemeinden Almke, Barnstorf, Brackstedt, Ehmen, Hattorf, Hehlingen, Heiligendorf, Kästorf, Mörse, Neuhaus, Neindorf, Nordsteimke, Reislingen, Sandkamp, Sülfeld, Velstove, Warmenau und Wendschott wurden wie Fallersleben und Vorsfelde Teile der Industriestadt, die 34 Jahre zuvor auf dem Reißbrett entstanden war.

Neben der Pflicht, ihrem ursprünglichen kommunalen Auftrag weiterhin nachzukommen, entstanden der Stadt neue Aufgaben. Sie mußte, wo ungenügend oder nicht vorhanden, Verbindungen und Bindungen schaffen oder verbessern, vom funktionstüchtigen Verkehrsnetz bis zur fruchtbaren Zusammenarbeit aller Rats- und Verwaltungsgremien.

Obwohl die Gemeinden als Wohnorte der VW-Pendler mit einem beachtlichen Steuereinkommen zeitgemäße Einrichtungen erstellen und betreiben konnten, blieben genügend Ansätze und Wünsche für einen weiteren Ausbau der Versorgung der Bevölkerung und Entsorgung ihrer Ortsteile. Bei der Förderung der Initiativen und der bestehenden Angebote im Bereich Kultur, Sport, Freizeit galt es vor allem, Traditionen und örtliche Besonderheiten zu achten und zu pflegen.

Bauernland – Bauland: Mit schmucken Siedlerhäusern drängen sich die Ortsteile der großen Stadt in die Feldmark wie hier in Hattorf.

Eingliederung von Menschen und Traditionen

Mehr noch: Die aus früheren Jahrhunderten überlieferten Bräuche konnten in das ausschließlich von der Gegenwart geprägte Geschehen der »Kernstadt« einbezogen werden, machten es reicher und bunter.

Die Wechselwirkung der Eingliederung wurde aber auch in der Innenstadt deutlich, die sich zum attraktiven Mittelpunkt der weitläufigen Stadt umgestalten mußte. In den Neu- und Umbauten nicht nur in der Fußgängerzone der Porschestraße, im reichhaltigen Warenangebot sowie im abwechslungsreichen Freizeitprogramm wird heute dieses Bemühen sichtbar.

Eine ganz besondere Aufgabe stellte sich mit der »Einbürgerung« der ehemaligen Nachbarn. Neugierig waren sie am Himmelfahrtstag 1938 zur Grundsteinlegung des Automobilwerkes in ihre noch im Vorjahr von ihnen abgeerntete Feldmark gezogen. Mit gemischten Gefühlen hatten sie dann mehr als drei Jahrzehnte den Bau der neuen Stadt verfolgt, deren Wohnviertel immer dichter an ihre Gemeindegrenzen drängten. Immer mehr Bauernland wurde teures Bauland. Alteingesessene Handwerksmeister wurden Unternehmer beachtlicher Betriebe, die am Aufbau Wolfsburgs tatkräftig mitwirkten. Und auch die eigenen Gemeinden wuchsen mit neuen Siedlungen in die Landschaft hinein.

Viele Wünsche wurden Wirklichkeit: Als 1972 zwanzig Umlandgemeinden in Wolfsburg eingegliedert wurden, mußte die neue Großstadt die Ortsteile in die Infrastruktur einbinden, manche neue Einrichtung schaffen, manche alte restaurieren. Den Fallerslebern wurde ihr Schwefelbad wiederhergestellt.

Vom Reißbrett auf Felder, Wiesen und in den Wald

Planung und Bau

Ländliches Idyll: Ein Rindergespann kommt den Feldweg herauf zum Hohenstein, auf dem heute die evangelische Kreuzkirche steht. Die bewaldeten Hänge des Klieversberges (rechter Bildrand), des Rabenberges und Köhlerberges begrenzen den Blick nach Südosten. Auf der freien Fläche der Felder entstand 1939 die Stadtmitte.

Vorbildliche deutsche Arbeiterstadt«, »Lehrstätte aus der Stadtbaukunst sozialer Siedlungen« – so formulierte Adolf Hitler am Himmelfahrtstag 1938 anläßlich der Grundsteinlegung für das Werk die Zielvorgaben für Planung und Bau der Stadt. Die Zuständigkeit übertrug er seinem Generalbauinspektor für die Reichshauptstadt, Prof. Albert Speer. Neben anderen Fachleuten wurde der österreichische Architekt Peter Koller beauftragt, einen Flächennutzungs- und Bebauungsplan für die Stadtanlage zu entwerfen. In Abstimmung mit seinem ehemaligen Hochschullehrer Speer entwickelte der junge Städtebauer einen Plan, den Hitler am 2. März 1938 billigte.

Mit allen Vollmachten

Ein Führererlaß erklärte am 6. Juli 1938 das »Gesetz über die Neugestaltung deutscher Städte« zur Rechtsgrundlage für den Bau der Volkswagenstadt. Es gab dem Generalbauinspektor alle Vollmachten für die Entwicklung und Errichtung der neuen Stadt.

Für das Gesamtprojekt Wagen, Werk und Stadt war die Deutsche Arbeitsfront (DAF) zuständig. Bei dieser nationalsozialistischen Massenorganisation handelte es sich um eine Zwangsvereinigung, der im Dritten Reich alle Arbeitnehmer und auch die Arbeitgeber angehören mußten. Die freien Gewerkschaften waren zerschlagen worden; ihr Vermögen hatte sich die DAF angeeignet. Über ihr »Amt Kraft durch Freude«, das in jeder Parteidienststelle vertreten war, sollte der KdF-Wagen angespart und ausgeliefert werden.

Für den Bau des Autos gründete die DAF eigens die »Gesellschaft zur Vorbereitung des Volkswagens (Gezuvor)«. Auch das Stadtbaubüro, dessen Leitung Peter Koller angetragen worden war, unterstand organisatorisch der DAF. Seine nahezu unbegrenzten Befugnisse für Planung und Bau aber erhielt Koller vom Generalbauinspektor Albert Speer.

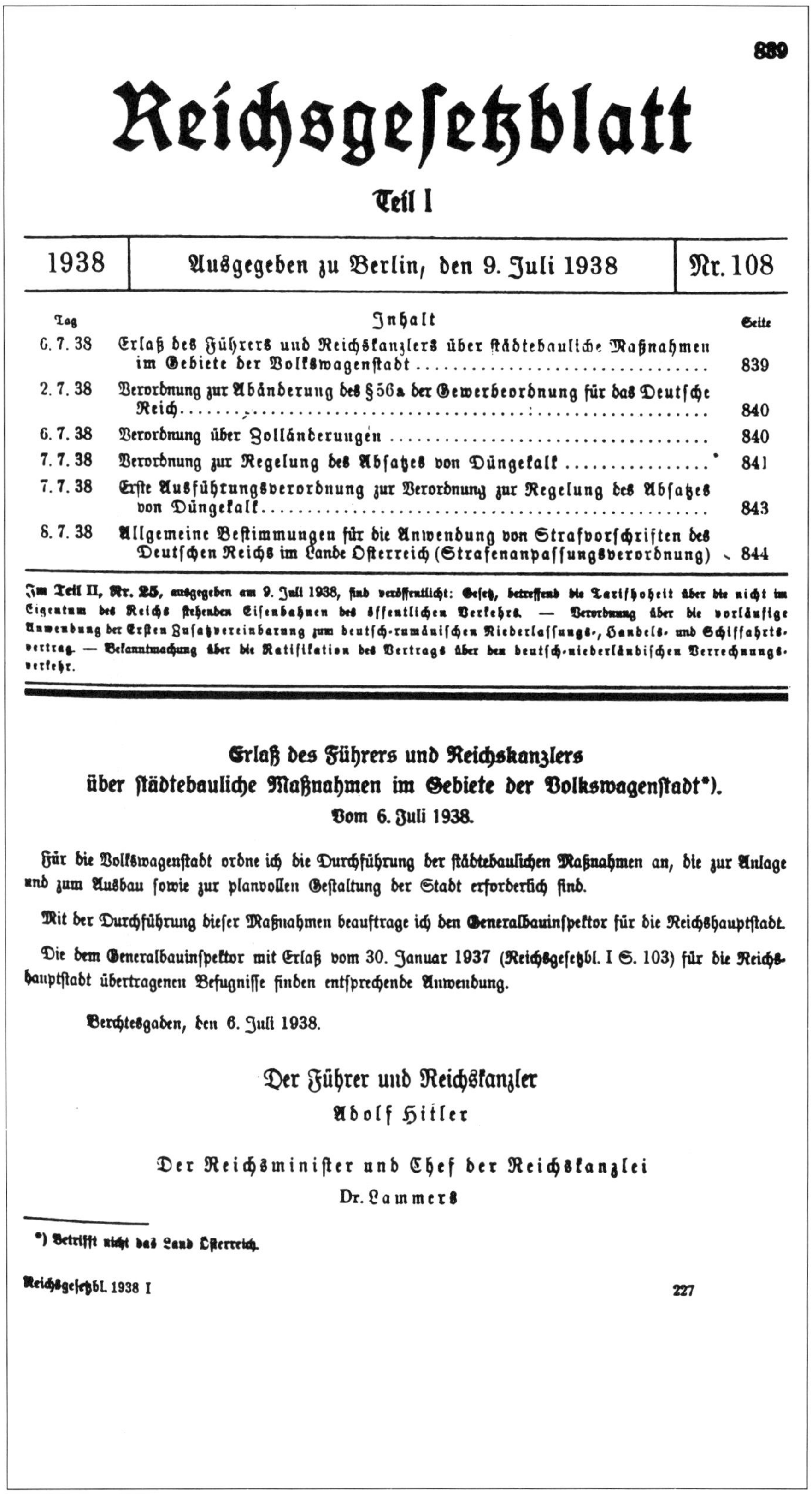

839

Reichsgesetzblatt

Teil I

1938	Ausgegeben zu Berlin, den 9. Juli 1938	Nr. 108

Inhalt

Tag		Seite
6. 7. 38	Erlaß des Führers und Reichskanzlers über städtebauliche Maßnahmen im Gebiete der Volkswagenstadt	839
2. 7. 38	Verordnung zur Abänderung des § 56a der Gewerbeordnung für das Deutsche Reich	840
6. 7. 38	Verordnung über Zolländerungen	840
7. 7. 38	Verordnung zur Regelung des Absatzes von Düngekalk	841
7. 7. 38	Erste Ausführungsverordnung zur Verordnung zur Regelung des Absatzes von Düngekalk	843
8. 7. 38	Allgemeine Bestimmungen für die Anwendung von Strafvorschriften des Deutschen Reichs im Lande Österreich (Strafenanpassungsverordnung)	844

Im Teil II, Nr. 25, ausgegeben am 9. Juli 1938, sind veröffentlicht: Gesetz, betreffend die Tarifhoheit über die nicht im Eigentum des Reichs stehenden Eisenbahnen des öffentlichen Verkehrs. — Verordnung über die vorläufige Anwendung der Ersten Zusatzvereinbarung zum deutsch-rumänischen Niederlassungs-, Handels- und Schiffahrtsvertrag. — Bekanntmachung über die Ratifikation des Vertrags über den deutsch-niederländischen Verrechnungsverkehr.

Erlaß des Führers und Reichskanzlers über städtebauliche Maßnahmen im Gebiete der Volkswagenstadt*).

Vom 6. Juli 1938.

Für die Volkswagenstadt ordne ich die Durchführung der städtebaulichen Maßnahmen an, die zur Anlage und zum Ausbau sowie zur planvollen Gestaltung der Stadt erforderlich sind.

Mit der Durchführung dieser Maßnahmen beauftrage ich den Generalbauinspektor für die Reichshauptstadt.

Die dem Generalbauinspektor mit Erlaß vom 30. Januar 1937 (Reichsgesetzbl. I S. 103) für die Reichshauptstadt übertragenen Befugnisse finden entsprechende Anwendung.

Berchtesgaden, den 6. Juli 1938.

Der Führer und Reichskanzler
Adolf Hitler

Der Reichsminister und Chef der Reichskanzlei
Dr. Lammers

*) Betrifft nicht das Land Österreich.

Reichsgesetzbl. 1938 I — 227

Führererlaß: Alle Vollmacht dem Generalbauinspektor Albert Speer.

ABSCHRIFT

Der Generalbauinspektor
für
die Reichshauptstadt
II/P.

Berlin W 8, den 20.Juli 1938
Pariser Platz 4

Fernsprecher: 11 76 61

Herrn
Dipl.Ing. Peter K o l l e r ,

Berlin - Grunewald

Gillstr. 6

Durch Erlass des Führers und Reichskanzlers vom 6.7.1938 (Reichsgesetzbl.I Nr. 108 S.839) bin ich mit der Durchführung der städtebaulichen Massnahmen im Gebiet der Volkswagenstadt beauftragt worden.

Unter Bezugnahme auf diesen Erlass beauftrage und bevollmächtige ich Sie, die mit diesen Massnahmen zusammenhängenden Fragen nach meinen Weisungen zu bearbeiten und die notwendigen Verhandlungen mit dritten Stellen zu führen. Ich bemerke, daß ich dem

Herrn Reichsarbeitsminister, dem
Herrn Ministerpräsidenten des Landes Braunschweig
und dem
Herrn Regierungspräsidenten für Lüneburg, sowie
der Gesellschaft zur Vorbereitung des deutschen Volkswagens

Abschrift dieses Auftragsschreibens zur Kenntnisnahme zugeleitet habe.

gez. Speer

Generalvollmacht: Dieses Schreiben des Generalbauinspektors gab Peter Koller freie Hand. Nur noch gegenüber Albert Speer verantwortlich, nutzt er seine Kompetenzen voll aus, um Planung und Bau der Stadt so voranzutreiben, wie er und seine Mitarbeiter es für richtig hielten, und um Einflußnahmen zurückzuweisen, die nicht in seine Konzeption paßten, gleichgültig ob sie aus dem Volkswagenwerk, der Stadtverwaltung oder aus anderen Dienststellen kamen. Auch als Robert Ley 1941 Speer ablöste und Hitlers »Beauftragter für die Stadt des Kdf-Wagens« wurde, arrangierte es Koller geschickt, daß er als »bevollmächtigter Architekt« seine Kompetenzen behielt.

Peter Kollers Plan

Koller plante Flächennutzung und Bau, aber auch Wirtschafts- und Sozialstruktur einer Stadt für 90000 Einwohner. Er trennte den Lebensbereich Wohnen und Freizeit einschließlich Verwaltung und Versorgung deutlich vom industriellen Arbeitsbereich. Der Mittellandkanal zog von Ost nach West die Trennungslinie: Nördlich entstand in der Niederung das gigantische Autowerk, südlich sollten sich die Stadtteile ringförmig um die Hügel legen. Deren höchster, der Klieversberg, sollte mit der »Stadtkrone« Mittelpunkt der Stadt sein. Die weithin sichtbaren öffentlichen Gebäude auf dem Hügelrücken, auch die Repräsentationsbauten der Partei, sollten einen Kontrapunkt zum weitläufigen Industriekombinat im Norden darstellen, das südliche Widerlager des Spannungsbogens zwischen Arbeit und Leben. Weite Grünanlagen sollten die bauliche Gesamtanlage übersichtlich in »Nachbarschaften« gliedern und zu einer Arbeiterstadt im Park machen.

Diese Vorstellungen von einer nach den Hauptfunktionen gegliederten Stadt, wie sie seit Beginn des 20. Jahrhunderts von namhaften Architekten und Städtebauern (Gropius, Le Corbusier u. a.) geträumt, entwickelt und erprobt wurden, beantworteten die Forderungen nach mehr Licht und sauberer Luft in den Wohnvierteln, nach ihrer Herauslösung aus dem Lärm und der Verschmutzung industrieller Nachbarschaft, aus der Not dicht gedrängter, überbelegter Wohnungen, der Volkskrankheiten, hoher Sterblichkeit und des sozialen Elends.

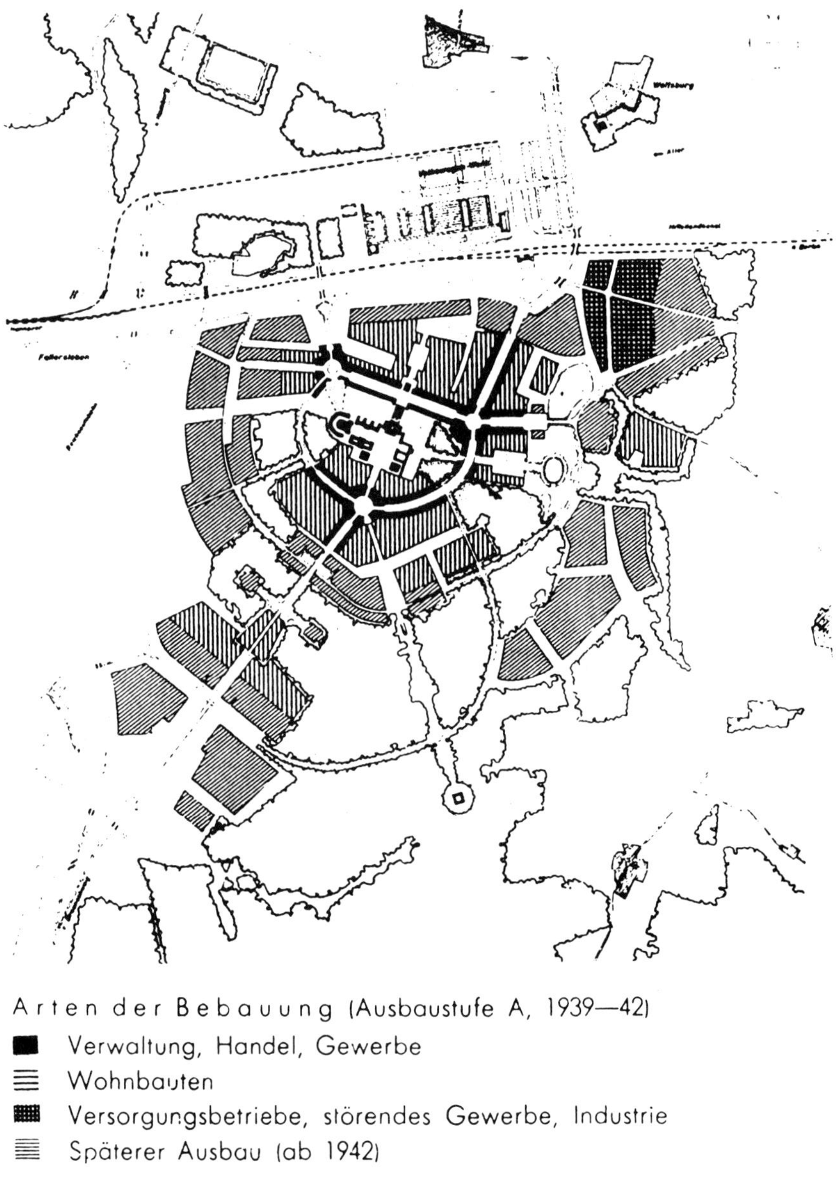

Kollers Plan: Ein breiter Zubringer verbindet die einst geplante Osttrasse der Nord-Süd-Autobahn mit der zentralen »Stadtkrone« auf dem Klieversberg, um den herum ringförmig angelegte Straßen zu den Wohngebieten führen. Nur wenig abweichend von diesem Entwurf schließt heute hier der Mörser Knoten die Braunschweiger Straße an das kurze Autobahnstück A 39 an. Stadtwald und Grünanlagen trennen die einzelnen Viertel. Beide Arme des inneren Ringes führen vom Klieversberg hinab zu dem breiten Aufmarsch- und Paradegelände »am Fuße der Stadtkrone«, auf dem heute Stadthalle, Planetarium, Löns- und Pestalozzischule sowie das Heuss-Gymnasium stehen. Versorgungsbetriebe, »störendes« Gewerbe, Industrie erhalten gegenüber dem Volkswagenwerk am Kanalufer und an der Eisenbahn Gelände ausgewiesen, besonders im Osten, dem heutigen Industrieviertel. Das Werk ist nur in seiner ersten Baustufe eingezeichnet.

Die Distanzierung der beiden Bereiche Leben und Arbeiten sollte wohl auch im Falle von Arbeitskonflikten und politischen Unruhen ein Übergreifen verhindern; diese allgemeine Erfahrung hatten Soziologen und Planer in den älteren Industriestädten Europas gemacht, in denen oft genug die Wohnungstüren den Fabriktoren gegenüberlagen.

Einen Eindruck von den gestalterischen Ideen, die Wolfsburgs damalige Planer zu verwirklichen trachteten, vermittelt noch heute das Viertel Steimkerberg, das im März 1940 fertiggestellt wurde. Die Wohnbauten auf rechteckigem Grundriß und mit einem 50 Grad steilen Satteldach sind überwiegend Einfamilienhäuser (Reihen- und Doppelhäuser) mit Wohnungen bis zu 118 qm Gesamtwohnfläche. Alle haben einen eigenen kleinen Garten. Abseits der ohnehin ruhigen Wohnstraßen führen Fußwege zwischen den Häusern zum Marktplatz und hinaus in die Waldlandschaft. Die Gestaltung der Hausfassaden ist schlicht und hält sich, wenn man von hölzernen Fensterklappläden und besonderen Türeinfassungen absieht, sehr zurück.

Mit Eichenlaub: Das Wohnviertel Steimkerberg wurde in einen Wald stattlicher Buchen und Eichen hineingebaut. Durch den Torbogen gelangt man auf einen kleinen von den Läden der Kaufleute und Handwerker gesäumten Platz, auf dem wöchentlich auch Markt gehalten wird.

Auch für Aufmärsche geeignet: Breite Straßen sollten den mit zunehmender Volksmotorisierung erwarteten Individualverkehr aufnehmen. Doch noch ist kein Auto auf der Goethestraße (hier an der Kreuzung mit der Schillerstraße) zu sehen. Mittelstreifen trennen die beiden doppelspurigen Fahrbahnen, die von breiten Parkstreifen für die Pkw der Hausbewohner gesäumt werden. Die Eckbauten der Häuserzeilen ragen in den »Straßenschlauch« hinein und sollen eine räumliche Gliederung bewirken.

Breite Straßen für Autos und Paraden

Wolfsburg mußte nicht allein wegen der Volkswagenproduktion eine Autostadt werden: Der tägliche Berufsverkehr »der langen Wege«, der sich aus diesem Idealbild einer neuen Stadt ergab, erforderte ein leistungsfähiges Straßennetz für den öffentlichen Nahverkehr wie für private Verkehrsmittel. Die im Plan ausgewiesenen, bis zu hundert Meter breiten Ringstraßen mit seitlichen Abstellstreifen für Pkw sollten den mit der Volksmotorisierung erwarteten starken Individualverkehr autogerecht aufnehmen, führen und ohne Stau bewältigen. Daß sie auch für die Massenaufmärsche der NS-Organisationen im totalen Führerstaat geeignet sein mußten, verstand sich damals von selbst.

Die Voraussetzungen für die Verwirklichung dieser Konzeption waren in Wolfsburg ideal. Seit der Industrialisierung waren Siedlungen, Städte, Ballungsgebiete dort gewachsen, wo das Angebot von Rohstoffen und Energie den Standort für Fabriken zur Erzeugung und Verarbeitung industrieller Produkte bestimmt hatte. Weitab dieser Ballungsräume entstand nun in Wolfsburg gleichzeitig mit einem neuen Werk eine neue Stadt. Für die Planer gab es keine Schwierigkeiten mit den Grundbesitzern; die früheren Eigentümer waren abgefunden worden. Die Landschaft war weiträumig und vielgestaltig, bestens geeignet für die Umsetzung des Idealbildes einer Stadt in die Wirklichkeit.

Wolfsburgs Stadtbaurat Peter Koller: Nach seinen Plänen wurde die Stadt angelegt und später erweitert.

Ein Dokument der Baugeschichte

Kollers Planung ist ein – inzwischen historisch wertvolles – Dokument der Stadtbaukunst in der ersten Hälfte dieses Jahrhunderts, als es für die Entwicklung menschengerechter Industriestädte in Deutschland nur wenige praktische Erfahrungen und Beispiele in dieser Größenordnung gab. Auch wenn Details der Pläne den »Geist« jener Zeit nicht leugnen können, verließ die Konzeption ideologische und politische Leitlinien, wie sie Hitler und Speer in ihren baulichen Großprojekten vorzeichneten.

Koller orientierte seine Arbeit an der Wirklichkeit anderer Industriestädte, studierte ihre Probleme, besorgte sich, was damals vergleichsweise sehr schwierig war, für seine Analysen von staatlichen, kommunalen und privaten Institutionen Erfahrungswerte und Daten. Und er berücksichtigte sie ebenso wie die Gegebenheiten des Baugeländes. Die Qualität seiner Pläne und baulichen Ansätze blieb lange Zeit unbeachtet und fand erst ab der zweiten Hälfte der 50er Jahre Anerkennung: Die Stadt konnte trotz vielfach geänderter Bedingungen nach den Grundzügen des ursprünglichen Entwurfs weiterentwickelt werden.

Industrielandschaft: Bis 1927 kündete der Förderturm des Kalischachtes, daß hier unter Tage Salze aller Art für gewerbliche und landwirtschaftliche Zwecke abgebaut wurden, während »oben« die Bauern ihre Felder bestellten und ihr Vieh weideten. An diese Zeit erinnern der Name Schachtweg und die Stahlbetonplatte, mit der die Schachtöffnung abgesichert wurde. Wegen möglicher Stolleneinbrüche und Bodensenkungen wurde dieses Gelände zwischen Kleist-, Lessing- und Goethestraße trotz zentraler Lage in der Stadtmitte, nicht massiv bebaut. Kleingärtner schlugen hier ihre leichten Gartenhäuser auf.

Glockenweihe: Die Mitglieder des Kirchen- und Gemeinderates im heutigen Alt-Wolfsburg hatten sich festlich gekleidet, als sie die neue Glocke für die Marienkirche einholten.

Immer die Ersten: Ohne Straßenbau, ohne das unterirdische Netz der Versorgungsleitungen, ohne die Männer vom Tiefbau kann keine Stadt entstehen – Gruppenbild mit Chef.

Oldtimer: Büssing-Busse aus den benachbarten Braunschweig bestimmten die Modellpalette des Fuhrparks, als die städtischen Verkehrsbetriebe ihr Quartier noch in Scheunen und Ställen Heßlingens hatten. Heute befördern mehr als fünfzig Stadtbusse, überwiegend moderne Gelenkzüge, jährlich rund 13 Millionen Fahrgäste. Die Gebäude wurden abgerissen.

An der Pforte stand eine Linde: Das alte Schulhaus in Heßlingen.

Gewaschen, gekämmt und stillgesessen: Walter Naucke, Schulmeister in Heßlingen, fotografiert seine Klasse. Von ihm – mit seiner Plattenkamera eine unermüdlicher Chronist der Geschichte Wolfsburgs – stammen fast alle hier wiedergegebenen Fotos aus der Zeit bis zum Kriege.

Mit Fahnen und Uniformen: Schulentlassungsfeier in der Stadt des KdF-Wagens. Verpflichtung auf Führer, Volk und Vaterland.

Schulen

Es dauerte lange, bis die öffentlichen Einrichtungen aus den Holz- und Steinbaracken, in denen sie behelfsweise seit Gründung der Stadt untergebracht waren, in eigene, feste Neubauten umziehen konnten: Rat und Stadtverwaltung 1958, Krankenhaus 1955, Post 1956, Polizei 1956, Arbeitsamt 1959. Daß die Schulbauten den Anfang machten, ist bezeichnend für die neue Stadt. Fast zu gleicher Zeit entstanden Goethe-Volksschule (1951), Porsche-Realschule (1950), Ratsgymnasium (1951–54). Früh schon dachten die Stadtväter auch an die lernbehinderten Kinder und bauten ihnen die Pestalozzi-Sonderschule (1956). Der erste Bauabschnitt der Städtischen Berufsschulen wurde 1952 bezogen. Weitere Stufen folgten 1956, 1964 und 1974.

*In öffentlichen Wettbewerben eiferten Wolfsburger Architekten mit namhaften auswärtigen Kollegen um die beste Lösung. Dies war fast allen gemeinsam: Fort von den oft dunklen, autoritär und einschüchternd wirkenden Stadtschulen vergangener Zeiten und hin zu aufgelockerter Bauweise mit mehreren Klassenraumflügeln, die sich hell und freundlich in grüne Anlagen streckten. Zum Pausenhof und Sportplatz gehörten eine geräumige Pausenhalle für Begegnungen bei schlechtem Wetter und für gemeinschaftliche Veranstaltungen, wenn dafür nicht eine Aula eingeplant war. Selbstverständlich war auch eine Sporthalle; die Vereine des Stadtviertels konnten sie mitbenutzen. Die Standorte waren zentral und doch abseits der Gefährlichkeit und des Lärms des Straßenverkehrs. Baulicher Aufwand und die Ausstattung für den Unterricht erregten den Neid der Schulnachbarn Wolfsburgs.
Bis 1984 wurden DM 382 Millionen in den Schulbau investiert.* ›

Vom Reißbrett in den Wald: Koller und seine Mitarbeiter bezogen die natürliche Ausformung des Baugeländes und die vorhandenen Baumbestände von Beginn an in ihre Planungsskizzen ein und richteten Art und Höhe der Bebauung sowie die Wegeführung danach. Hier entstehen am Rande des mit zweistöckigen Mietshäusern bebauten Steimkerbergs am Birkenweg eingeschossige Zweifamilienhäuser.

› Heute mag angesichts zurückgehender Schülerzahlen die Aufnahmefähigkeit der Wolfsburger Schulen zu groß erscheinen. Vergessen sind die Zeiten, da Raumnöte und Lehrermangel die Unterrichtung der Schüler behinderten und die Stadt veranlaßten, Gebäude, sachliche und personelle Ausstattung am Spitzenbedarf auszurichten, um Engpässe in der Zukunft zu vermeiden. Auf Inhalte und Gestaltung des Unterrichts haben Rat und kommunale Verwaltung keinen Einfluß; in der föderativen Bundesrepublik ist dies Sache der Länder, hier des Bundeslandes Niedersachsen. □

Schüler

Entsprechend ihrer Befähigung, Motivation und der Qualität ihrer Schul- und Berufsausbildung, aber auch dem Arbeitsangebot, bestimmen die Schüler von heute als Erwerbsfähige und -tätige von morgen die Zukunft einer Stadt und ihrer Bevölkerung ganz wesentlich. Von daher ist ein Blick auf die verschiedenen Schultypen, die Zahl ihrer Schüler und Lehrer, den Anteil ausländischer Schüler interessant. Aus der Verteilung der Jugendlichen auf die verschiedenen Schulen Rückschlüsse auf die Begabungen und das allgemeine Intelligenz-Niveau zu ziehen, wäre sicherlich fragwürdig, zumindest verfrüht. Deutlich erkennbar aber sind die Wünsche der Eltern und ihrer Kinder nach einer weiterführenden Schulbildung und nach einem Zugang zu ihr für alle Kreise der Bevölkerung dieser »Arbeiterstadt«.

Das Jahr 1984 als Momentaufnahme: Einzeln oder auch zu Zentren zusammengefaßt, gab es in Wolfsburg dreißig Grundschulen mit 5.001 Schülern (darunter 653 Ausländer) und 323 hauptamtlichen Lehrern, neun Orientierungsstufen mit 2.046 (223) und 149, neun Hauptschulen mit 1.828 (192) und 181, sieben Realschulen mit 2.303 (99) und 173, sechs Gymnasien mit 3.649 (102) und 282 sowie vier ›

Über Ansätze nicht hinaus

Zunächst aber stellte sich heraus, daß die Schwierigkeiten noch größer als alle Befugnisse waren: Die Kriegsvorbereitungen begannen, Material und Arbeiter wurden zum Bau von Befestigungen an Großdeutschlands Grenzen befohlen, vor allem an den »Westwall«. Die Rüstungsindustrie lief auf vollen Touren. Dennoch wurde das Autowerk in seiner ersten Baustufe fertig. Nur wenige »Kraft durch Freude«-Limousinen konnten noch darin montiert werden, dann kam Kriegsgerät auf die Werkbänke und Bänder.

Auch die Stadt blieb in ersten Ansätzen stecken, obwohl Tausende italienischer Baufach- und -hilfsarbeiter an die Stelle ihrer dienstverpflichteten deutschen Kollegen getreten waren. Die ausführenden Handwerks- und Baubetriebe kamen aus allen Teilen Deutschlands.

Als Bauträger wirkte in enger Zusammenarbeit mit dem Stadtbaubüro Kollers die Wohnungsbau-Gesellschaft »Neuland«.

Hohe Wohnqualität

Die bis Kriegsende fertiggestellten dreitausend Wohnungen in der Stadtmitte (Wellekamp), am Schillerteich und auf dem Steimkerberg, die noch heute gern gemietet werden, waren geräumig, fernbeheizt und hatten ein Bad mit Elektroboiler. Der dazugehörige Garten bot den Mietern Freizeitbeschäftigung und in den mageren Kriegs- und Nachriegsjahren die Aufbesserung der schmalen Lebensmittelrationen durch den Anbau von Kartoffeln und Gemüse.

Vom Reißbrett auf den Acker: Im Allertal entsteht das Viertel Stadtmitte (Wellekamp). Die »Stadtkrone« auf dem Klieversberg, von dem herab der Fotograf die Aufnahme machte, wurde nicht gebaut. Die Stadtmitte ist heute Wolfsburgs »City«.

Am Wellekamp und am Schillerteich wurden überwiegend zwei- und dreigeschossige Mehrfamilienhäuser gebaut, die sich zu Straßenblocks gruppierten. Torbögen gaben Durchblick auf die grünen Gärten inmitten der Wohnanlagen, von denen einige Häuser einen militärischen Farbanstrich zur Tarnung vor Fliegerangriffen erhalten hatten. Baumbestand wurde geschont. Schon in jener Zeit war hohe Wohnqualität Absicht: Den dringend benötigten Facharbeitern sollte der Wechsel vom sicheren Arbeitsplatz in vertrauter, heimatlicher Umgebung zur Aufbauarbeit in einem fremden neuen Werk und einer neuen Stadt erleichtert werden.

Satteldach und Fensterkreuz, Erker, Balkone und Terrassen bestimmten die Architektur, die – als Gegensatz zu den riesigen Werkhallen mit ihrem Maschinenlärm – Ruhe, Beschaulichkeit, Entspannung, Bürgerlichkeit einer Mittelstadt vermitteln sollte. Moderne Architektur im Bauhaus-Stil war im Dritten Reich nicht gefragt. Koller und seine Architekten, darunter der spätere Rathauserbauer Titus Taeschner, griffen auf die bekannten und bewährten Formen aus älteren Bautraditionen zurück.

Im übrigen aber war die Stadt ein ausgedehntes Barackenlager, das nach Kriegsbeginn und dem Abzug der italienischen Bauarbeiter gefangene Soldaten und Zwangsarbeiter aus jenen europäischen Ländern beherbergte, die von der Wehrmacht besetzt worden waren. Die alliierten Bomber zerstörten 1944 die Fabrik zu mehr als zwei Drittel, die »Stadt« aber blieb mit Ausnahme einer ausgebrannten Verwaltungsbaracke verschont.

›Sonderschulen mit 506 Schülern (darunter 84 Ausländern) und 73 hauptamtlichen Lehrkräften. Die Integrierte Gesamtschule (IGS) mit gymnasialer Oberstufe im Stadtteil Westhagen zählte 1.535 (104) Schüler und 131 hauptamtliche Lehrer.

Im selben Jahr bereiteten sich 6.789 (darunter 122 ausländische) Jugendliche in Schulen und besonderen Maßnahmen – Berufsvorbereitungsjahr (BVJ), Berufsgrundbildungsjahr (BGJ), Vorpraktikum (FSP) – auf ihre spätere Tätigkeit vor. Die Berufsbildende Schule I, zu der auch ein Fachgymnasium für Wirtschaftswissenschaft gehört, unterrichtet in den Sparten Handel, Wirtschaft, Verwaltung, Gesundheit. Technik der Verarbeitung verschiedener Werkstoffe ist Schwerpunkt des Unterrichts an der Berufsbildenden Schule II in Wolfsburg. Daneben werden angeboten: Hauswirtschaft, Ernährung, Kinderpflege, Körperpflege, Bekleidung und Raumgestaltung. Zu dieser Schule gehören je ein Fachgymnasium für Technik und für Hauswirtschaft.

*Besondere Beachtung verdient die sozialpädagogische Werkstatt, die arbeitslosen Jugendlichen Hilfen anbietet. In Gebäuden der Innenstadt stehen etwa 300 Quadratmeter zur Verfügung für Werkstatt, Lager, Fotolabor und Sozialräume. In zwei Schichten können maximal je 15 Jugendliche arbeiten.
Die Werkstatt ist mit Maschinen für die Bearbeitung von Metall und Holz ausgestattet. Jungen und Mädchen machen von diesem Angebot gern Gebrauch.*

Für seine Schulen und die Berufsausbildung weist Wolfsburg für 1984 DM 46 Millionen aus. □

Kirchen

Die Industriestadt ist auch eine Stadt der Gotteshäuser. Mehr als vierzig finden sich in den Stadtvierteln und Ortsteilen Wolfsburgs. Nicht immer kennzeichnet ein emporragender Glockenturm – modern aus Sichtbeton oder alt mit einer patinagrünen Kupferhaube – ihren Standort. Aus dem Verständnis dieser Zeit für eine lebendige, kirchliche Gemeinde sind anders gestaltete Zentren der Begegnung und des Gottesdienstes entstanden. Von bedeutenden Kirchenbaumeistern entworfen, ergänzen sie reizvoll die oft Jahrhunderte alten Gotteshäuser in den Ortsteilen wie z.B. St. Petri in Vorsfelde und Michaelis in Fallersleben.

Mit St. Marien am Schloß Wolfsburg und der mehr als tausendjährigen St.-Annen-Kirche in Heßlingen übernahm die neue Stadt 1938 zwei evangelische Gotteshäuser. Ansonsten waren ihre kirchlichen Gemeinden auf die Benutzung von Schulräumen und Gasthäusern (wie z.B. dem inzwischen abgerissenen »Brandenburgischen Adler«) angewiesen. Der NS-Reichsminister für die kirchlichen Angelegenheiten erinnerte in einem Schreiben vom 12. Juli 1938 schon frühzeitig daran, »geeignete Plätze für Bauten zur Versorgung der kirchlichen Bedürfnisse der Bevölkerung, deren Kosten grundsätzlich die Kirche zu tragen hat, in den Gesamtplan einzubeziehen«.

Für jede der beiden Konfessionen sollten vier Standorte vorgesehen werden. Für vier evangelische und zwei katholische Kirchengebäude konnte das Stadtbaubüro die Standorte auch schon näher angeben; Ende 1940 wurden dann die Planungen nach einem Hinweis des Generalbauinspektors Speer nicht mehr weiterverfolgt. Speers Nachricht kam aus Hitlers Quartier auf dem Obersalzberg bei Berchtesgaden. Historiker haben die Frage, ob Wolfsburg auf »Führerbefehl« eine Stadt ohne Kirchen sein sollte, noch nicht eindeutig beantwortet. ›

Saubere Arbeit: Trotz des Zwangs, binnen kurzer Zeit möglichst viele Wohnungen zu bauen, trotz des Mangels an Arbeitskräften und Material unmittelbar vor Kriegsbeginn – die Architekten bauten geräumige Wohnungen von hoher Qualität, die auch heute begehrt sind. Alle Häuser aus diesen Gründerjahren – hier Mietwohnungen der »Neuland« am Rathenauplan – lassen auch draußen an der Gestaltung der Giebel, Fenster, Türen große Sorgfalt und Aufmerksamkeit für Details erkennen.

Nur noch 35000 Einwohner

Als die Ausländer in ihre befreiten Staaten zurückkehrten, überfüllten aus ihrer Heimat geflüchtete und vom Krieg vertriebene Deutsche die Barackenstadt. Aus dem Reißbrett-Projekt einer städtischen Mustersiedlung war die »Goldgräberstadt« geworden, in der die Überlebenden des Zweiten Weltkrieges ein Obdach und das Glück eines neuen Anfangs suchten.

Doch für Wolfsburg und das Volkswagenwerk war die Zukunft gleichermaßen dunkel. Zunächst nur mit 35000 Einwohnern konnte der Hamburger Städteplaner Bernhard Reichow rechnen, als er 1947 den

Blick über den Kanal: Baracken und die Mehrzweckhalle (Cianetti) bestimmen das Bild der heutigen Stadtmitte, links (am Rande) Rothenfelde, Heßlingen und die Schillermühle. Der Kran bezeichnet die Baustelle für den Düker unter dem Kanal, der die Versorgungsleitungen zwischen Werk und Stadt aufnehmen soll.

Sauber anzuschauen: Häuser aus dem Programm Sozialer Wohnungsbau der Nachkriegszeit. Jede Wohnung hat einen Balkon oder eine Loggia an ihrer Sonnenseite und große Fenster. Die Fassade ist gestaffelt. Der Vermieter pflegt das Grün.

Auftrag für einen neuen Generalbebauungsplan erhielt.

Es war eine schwierige Zeit für Städtebauer und -planer. Im Mittelpunkt stand der Wiederaufbau (auch Neubau) zerstörter Städte. Vor allem aber mußten sie – an staatlich-autoritäre Reglementierung gewöhnt –, sich mit öffentlicher Meinungsbildung, demokratischer Mitsprache und parlamentarischer Entscheidungsfindung durch Laien vertraut machen. Das war ungewohnt und oft schwierig. In kurzer Zeit erlebte die Stadt mehrere Stadtdirektoren und Stadtbauräte. Im Ausland, das nunmehr wieder zugänglich war, entwickelten sich neue architektonische Vorstellungen, die zur Auseinandersetzung aufforderten. Waren sie auch für die neue Autostadt Wolfsburg geeignet?

› *Mit mehr als 20 Prozent katholischen Einwohnern ist Wolfsburg heute eine der größten Gemeinden in der Diaspora des Bistums Hildesheim. 60 Prozent der Bevölkerung sind evangelisch-lutherisch oder -reformiert; 18,5 Prozent gehören verschiedenen Glaubensgemeinschaften oder keiner an. Die allgemein zu beobachtende Welle der Kirchenaustritte erreichte 1984 mit 1225 Dissidenten ihren Höhepunkt.* □

Gesundheit und Soziales

Um kranke, behinderte und ältere Menschen kümmerten sich über Jahrhunderte im Wolfsburger Land Familie und Nachbarschaft in Eigenhilfe, wenn nicht Hausarzt, Hebamme, Gemeindeschwester hinzugezogen wurden oder gar eine Unterbringung in Krankenhäusern und Pflegeheimen geboten war. Sozialen Fortschritt hatten sich die Organisationen der NSDAP 1933 an ihre Hakenkreuzfahnen geschrieben. Um das Geld dafür zu sammeln, schickte die Partei mehrmals im Jahr die Volksgenossen mit scheppernden Blechbüchsen auf die Straße oder zur namentlichen Spendererfassung in die Wohnungen. Die Zeit des Zweiten Weltkrieges und die Not danach führte zurück zur Nächstenhilfe in der Familie, unter Nachbarn und Freunden.

Ein fast lückenlos dichtes Sozialnetz spannt sich heute in der Volkswagenstadt, das betroffene Einwohner aufzufangen und zu halten vermag. Knotenpunkte des Netzes sind Sozialstationen, Beratungsstellen für Gefährdete und Hilfesuchende, Selbsthilfegruppen und Behinderten-Vereine. Für die jüngsten Wolfsburger sind es Kindergärten und -tagesstätten, Krippe und Kinderdorf, für die Älteren Pflege- und Altenheime, Begegnungsstätten und Altenclubs, für die Behinderten besondere Wohn- und Werkstätten, die Einrichtungen »Essen auf Rädern« und Behinderten-Transport in Spezialfahrzeugen.

Das Stadtkrankenhaus hielt 1984 in seinen Stationen 665 normale Krankenbetten, 60 Betten für Kinder und 38 für Neugeborene vor und behandelte 18.874 Kranke stationär sowie 4077 Dialyse-Patienten. Mit seinen demnächst elf Hauptabteilungen – Verwaltung, Apotheke, Krankenpflegeschulen nicht gerechnet – hat das Haus auf dem Klieversberg über die Grenzen der Stadt hinaus für die Region Bedeutung. Der medizinischen Fakul- ›

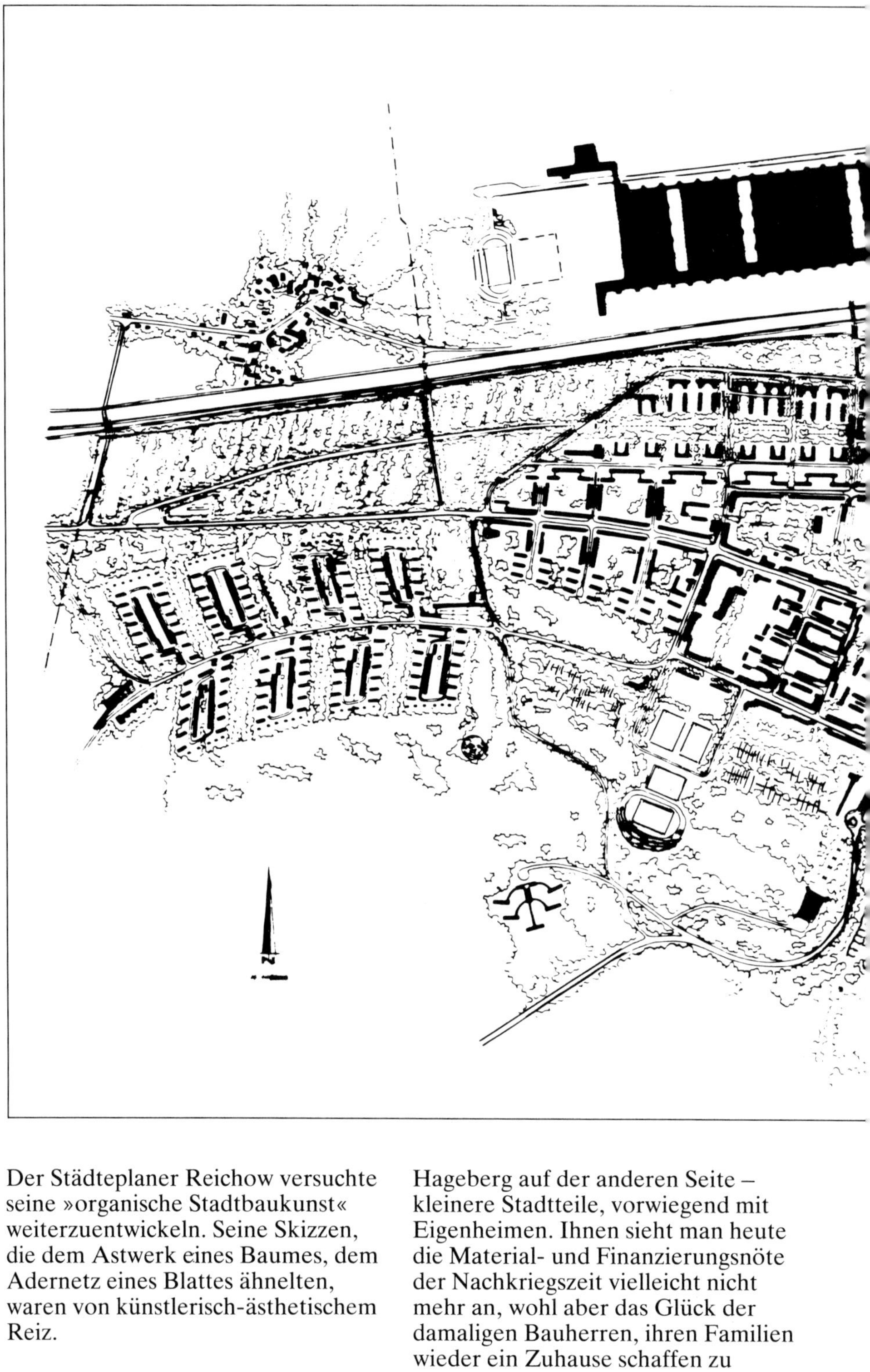

Der Städteplaner Reichow versuchte seine »organische Stadtbaukunst« weiterzuentwickeln. Seine Skizzen, die dem Astwerk eines Baumes, dem Adernetz eines Blattes ähnelten, waren von künstlerisch-ästhetischem Reiz.

Reichow beließ den Mittellandkanal als Trennungslinie und zog an seinem südlichen Ufer von Ost nach West das künftige Bebauungsgebiet. Kollers Plan, den die Wolfsburger kleinmütig aufgaben, hatte die Bebauung über die Hügel hinweg nach Süden wachsen lassen.

Immerhin: Es entstanden auf dem schmalen Geländestreifen östlich und westlich der Stadtmitte – mit der Ostsiedlung und dem Köhlerberg auf der einen sowie dem Hohenstein und Hageberg auf der anderen Seite – kleinere Stadtteile, vorwiegend mit Eigenheimen. Ihnen sieht man heute die Material- und Finanzierungsnöte der Nachkriegszeit vielleicht nicht mehr an, wohl aber das Glück der damaligen Bauherren, ihren Familien wieder ein Zuhause schaffen zu können.

Enge und Beschränkungen des Reichow-Plans, Ausdruck der Hoffnungslosigkeit, behinderten den weiteren Auf- und Ausbau der Stadt noch, als es schon wieder aufwärts ging und das schnell expandierende Volkswagenwerk eine »richtige Stadt« für Zehntausende von dringend gesuchten Arbeitskräften verlangte.

Reichows Plan: Mit nur 35 000 Einwohnern durfte 1947 der Hamburger Städteplaner rechnen, als die Stadt bei ihm einen neuen Generalbebauungsplan in Auftrag gab. Von Kollers Konzeption abweichend sah Reichows Plan eine Ausdehnung der Stadt nach Osten und Westen am Kanal entlang vor, nicht aber nach Süden. Der Entwurf für den Stadtteil Wohltberg (links) kennzeichnet seine Vorstellungen von einer organischen Stadtbaukunst.

Das »Wirtschaftswunder«

Was war geschehen? Währungsreform und Soziale Marktwirtschaft, Gründung der Bundesrepublik Deutschland, Fortfall der alliierten Vorrechte und Fesseln führten im ganzen Land zu einer Mobilisierung aller Kräfte. Das Ergebnis nannten staunende Ausländer dann das »Wirtschaftswunder«. Zur selben Zeit 1948/49 hatten im Volkswagenwerk – zusammen mit einigen »Männern der ersten Stunde« – international erfahrene Automobilfachleute technische Entwicklung und Serienproduktion, Verkauf und Kundendienst des Volkswagens in die Hand genommen.

Unter der Leitung des Ingenieurs Heinrich Nordhoff machten sie den »VW-Käfer« zum größten Welterfolg der Automobilgeschichte.

Dem Volkswagen wie auch dem zerstörten Werk in Wolfsburg hatten die Alliierten keine Zukunft gegeben und beides als Reparation abgelehnt.

Für die Fertigung des Autos wurden nun viele Arbeiter gebraucht, und diese benötigten für sich und ihre Familien Wohnungen und städtische Einrichtungen. Arbeitskräfte gab es (und hohe Löhne und freiwillige Sozialleistungen als Anreiz auch), doch die meisten lebten bis dahin weitab und suchten Wohnung am Ort: Entlassene Soldaten, heimkehrende Kriegsgefangene, die vielen Flüchtlinge, die täglich – bis zum Bau der Mauer in Berlin – ihrer mitteldeutschen Heimat den Rücken kehrten.

Vor allem gab es Tausende von Vertriebenen, die mit ihren Trecks in den letzten Kriegsmonaten nach Friesland, ins Emsland und andere Siedlungsräume ohne ausreichende Arbeitsmöglichkeiten verschlagen worden waren.

Um sie an die Fließbänder des Volkswagenwerkes bringen zu können, mußten schnell und in großer Zahl Wohnungen gebaut werden.
Die neuen Stadtteile durften nicht wiederum Behelf mit begrenzter Lebensdauer werden, sondern mußten sich in Gestaltung und Funktion der Gesamtkonzeption für die Stadt einfügen. Wolfsburg holte Peter Koller zurück, damit er als Stadtbaurat diese Aufgabe übernehme und nach zehnjähriger Unterbrechung weiterführe.

› tät Göttingen dient es als Ausbildungskrankenhaus für den ärztlichen Nachwuchs. Auf eine besonders erfolgreiche Arbeit kann das Zentrum für Entwicklungsdiagnostik und Sozialpädiatrie im Stadtkrankenhaus hinweisen: Neunzig Prozent aller in Vorsorgeuntersuchungen diagnostizierten Störungen und Behinderungen bei Säuglingen und Kleinkindern konnten gänzlich geheilt oder entscheidend gelindert werden.

Die Lebenshilfe Wolfsburg e. V. betreut in ihrem heilpädagogischen Kindergarten Drei- bis Sechsjährige, die behindert oder gefährdet sind. Ihr Werkstattzentrum in Westhagen dient geistig, körperlich und mehrfach behinderten Menschen nach dem 18. Lebensjahr, die nach einer Einarbeitung gemeinsam mit anderen Behinderten an einem Werkstattplatz ein Mindestmaß an wirtschaftlich verwendbarer Arbeitsleistung erbringen. Eingliederung in eine Gemeinschaft und Beteiligung am Zusammenleben mit anderen geistig und körperlich Behinderten bieten drei Wohnstätten der Lebenshilfe in Fallersleben, Vorsfelde und Westhagen an.

Für Jungen, die in Wolfsburg eine weiterführende Schule besuchten oder eine Lehre machten, aber weitab der Stadt wohnten, entstand nach dem Kriege am Walter-Flex-Weg neben dem ersten städtischen Jugendheim ein Wohngebäude. Vor mehr als 25 Jahren übernahm das Christliche Jugenddorfwerk die Anlage und baute sie zu einem sozialpädagogischen Zentrum mit angegliederter Haupt- und Sonderschule aus. Rund siebzig Jungen im Alter zwischen 12 und 18 Jahren leben im Jugenddorf Wolfsburg; häufig hatten sie wegen familiärer Probleme Schwierigkeiten mit der Schule.

Gefährdeten Kleinkindern eine »Heimunterbringung« zu ersparen, für sie Pflegeeltern und Pflegenester zu finden, fällt dem Jugendamt nicht schwer. Anders sieht es bei den Jugendlichen ab 14 Jahren aus. Die für sie vor einigen Jahren vom Jugenddorfwerk geschaffenen zwei ›

Anfang: Kalt und unpersönlich ist vielen Wolfsburgern beim ersten Besuch die neue Stadt erschienen, in der sie zukünftig wohnen wollten, nachdem sie im Volkswagenwerk einen sicheren Arbeitsplatz gefunden hatten. Mit nur einer Fahrbahn führt die Braunschweiger Straße – das Ortsschild steht an der heutigen Einmündung des Burgwalls – in die Stadtmitte. An Sonntagen kamen die VW-Angehörigen mit der oft weit entfernt wohnenden Familie oder jungen Braut, um einen Blick über den Kanal auf das Werk zu werfen und um schon den Rohbau der späteren Wohnung zu inspizieren. Der Anfang war für viele schwer.

Erstes »Pressefoto« vom neuen Generaldirektor: Diplomingenieur Heinrich Nordhoff 1948 am Fenster seines künftigen Arbeitszimmers.

› Außenwohngemeinschaften in der Stadt haben sich als realistische Lösung bewährt.

Soweit nicht Stadt und Staat mit ihren zuständigen Dienststellen gesetzlich verpflichtet sind, tragen neben mitbürgerlichen Initiativen hauptsächlich die freien Wohlfahrtsverbände und die Lebenshilfe e. V. das soziale Netzwerk. Zusammengeschlossen zu einer Arbeitsgemeinschaft und einzeln bilden Arbeiterwohlfahrt (AWO), der katholische Caritas-Verband, das evangelische Diakonische Werk (Innere Mission), der Deutsche Paritätische Wohlfahrtsverband (DPWV) und das Deutsche Rote Kreuz (DRK) starke Pfeiler der täglichen Sozialarbeit.

Für den Unglücksfall und für Katastrophen halten sich die freiwilligen und beruflichen Feuerwehren der Stadt und des Volkswagenwerkes sowie das Technische Hilfswerk (THW) einsatzbereit.

Mit mehr als DM 78 Millionen Ausgaben war 1984 der Einzeletat für »Soziale Sicherung« der höchste im städtischen Verwaltungshaushalt, der in dem Jahr insgesamt Ausgaben in Höhe von DM 318,928 Millionen vorsah. □

Fernwärme und Strom

Als Symbol für die Bindung der Stadt an das Volkswagenwerk nennen die Wolfsburger häufig die Versorgung ihrer Haushalte mit Wärme und elektrischem Strom aus dem VW-Kraftwerk. Das war von der Gründung an so vorgesehen. Einmal mehr wird deutlich, daß die Planer Werk und Stadt »des KdF-Wagens« als eine Einheit gedacht haben. Das Versorgungssystem hat sich bewährt und erhält jetzt angesichts knapper und teurer werdender Brennstoffe sowie zunehmender Umweltgefährdung durch Luftverschmutzung wachsende Bedeutung. ›

›Wer in der kalten Jahreszeit die Stadt besucht, sieht über den Dächern der fernbeheizten Stadtteile keinen Rauch. Lediglich über den vier 120 Meter hohen Schornsteinen des VW-Kraftwerkes wehen schmale weiße Fahnen kondensierenden Wasserdampfes in den frostigen Winden. Nachdem auch die Ortsteile Fallersleben und Vorsfelde an das 246 Kilometer lange Netz (Doppelsystem) angeschlossen sind, werden drei Viertel aller Gebäude mit Fernwärme (zwischen 605 und 680 Millionen kWh/Jahr) versorgt.

Das Kraftwerk verheizte ursprünglich nur Steinkohle, kann heute auch Erdgas und schweres Heizöl verwenden. Der wachsende Energiebedarf für die stets gesteigerte Autoproduktion und die sich ausdehnende Stadt erforderten in den 60er Jahren die Erweiterung der Anlagen von ursprünglich 173 MW auf 365 MW (jeweils elektrische Leistung). In dem Zusammenhang war auch der Bau eines Kernkraftwerkes überlegt worden. Das jetzt neugebaute 260 MW-Heizkraftwerk West beschränkt sich auf Steinkohle.

Die Energiekrisen der vergangenen Jahre haben die Kraft-Wärme-Kopplung, die 70 anstatt sonst knapp 40 Prozent des Heizwertes der Brennstoffe nutzt, als optimales System für die Energieversorgung der Unternehmen wie der privaten Haushalte bestätigt und als Vorbild empfohlen. Im Heizkraftwerk treibt hocherhitzter Wasserdampf die Turbinen und erzeugt elektrische Energie. Der Abdampf erhitzt anschließend in Wärmetauschern Wasser bis auf 120 Grad Celsius, das dann die Heizenergie über das verzweigte Rohrnetz der Stadtwerke in die Radiatoren der Wohnungen und Betriebe trägt, im ständigen Kreislauf zurückgepumpt und wieder erhitzt wird.

Auch der elektrische Strom kommt aus dem VW-Kraftwerk am Hafen des Mittellandkanals. Ursprünglich versorgte die »Landelektrizitätsgesellschaft«, die genossenschaftlich organisiert war und ihren Sitz in Halle/Saale (heute DDR) hatte, das »Wolfsburger Ländchen«. ›

Hochkonjunktur: Reichlich flossen Gelder aus staatlichen Förderungsprogrammen in den sozialen Wohnungsbau der Volkswagenstadt. Komplette Stadtteile mit Markt, Läden, Schulen, Kirchen, Versorgungseinrichtungen – hier ist es der Wohltberg (rechts das Gebäude mit der Post am Brandenburger Platz) – entstanden in kurzer Bauzeit und schneller Folge.

Sozialer Wohnungsbau, öffentlich gefördert

Das geschah im selben Jahr 1955, als die Stadt bereits 45 000 Einwohner zählte und erstmals mit eigenem Grund und Boden ausgestattet wurde. Auch Geld war vorhanden: Neben einer Sonderzahlung von fast zehn Millionen DM überwies das Volkswagenwerk jährlich rasch wachsende Steuersummen. Außerdem boten Bundesrepublik und Land Niedersachsen in besonderen Förderungsprogrammen, zum Beispiel für die Innere Umsiedlung der Vertriebenen, für Spätheimkehrer, Kriegsbeschädigte, kinderreiche Familien Finanzierungshilfen an.

Stadt und Werk nutzten alle Möglichkeiten. Um das bereitgestellte finanzielle Volumen voll ausschöpfen und Bauzeit gewinnen zu können, wurde zusätzlich zur »Neuland« und zu anderen Baugesellschaften und -genossenschaften als weiterer Bauträger die gemeinnützige VW-Wohnungsbau-Gesellschaft mbH gegründet.

› 1943 wurde das Unternehmen in einem Vertrag für fünfzig Jahre verpflichtet, die von der neuen Stadt benötigte elektrische Energie aus dem Volkswagenwerk zu beziehen und an die Wolfsburger Stadtwerke abzugeben. Diese lieferten 1982 über ihr 539 Kilometer langes Leitungsnetz ihren Kunden 188 Millionen kWh Strom. Ausgenommen aus der städtischen Versorgung sind vertragsgemäß bis 1993 noch die 1972 eingegliederten Ortsteile. □

Wasser und Abwässer

*Die Eckertalsperre im Harz sollte die geplante Stadt und das Autowerk mit Wasser versorgen.
So lange sie und die Fernleitungen noch im Bau waren, wurden als Zwischenlösung im Rothehofer Forst vier Brunnen gebohrt. Ihr Wasser wurde in einen neugebauten Erdbehälter für 2.000 Kubikmeter auf den Klieversberg befördert.
Vier weitere Brunnen wurden beim Schloß und bei Heßlingen niedergebracht. Ihr Wasser enthält Eisen und Mangan und muß aufbereitet werden. Noch heute dient dieses Wasserwerk der Not- und Spitzenversorgung, während aus dem Behälter auf dem Klieversberg das benachbarte Stadtkrankenhaus im Katastrophenfall bis zu drei Tage versorgt werden kann.
Im Oktober 1943 konnte dann der Hochbehälter auf dem Windmühlenberg bei Nordsteimke in Betrieb genommen werden, der 30.000 Kubikmeter faßt. Die Harzwasserwerke hatten sich ursprünglich verpflichtet, 7 Millionen Kubikmeter zu liefern; mangels einer Druckerhöhungsanlage blieb es dann aber bei nur 4,5 Millionen Kubikmeter Harzwasser für Wolfsburg.
Der steigende private und industrielle Bedarf erforderte neue Brunnen. Das Wolfsburger Wasserwerk Westerbeck mit fünf Tiefbrunnen hat eine Jahreskapazität von fünf Millionen Kubikmetern. Das Wasserwerk Rühen mit seinen vier Brunnen im feuchten Drömling ist auf die gleiche Kapazität ausgelegt. Zunehmend wird aber auch ›*

Die Leute vom Bau waren gefordert

»Sozialer Wohnungsbau« hieß bundesweit das Programm gegen die Wohnungsnot. Die wirtschaftlich abgesicherte Zukunft, ein fester Arbeitsplatz und die Aussicht auf eine Wohnung ermutigten junge Menschen, Familien zu gründen und Kinder zu haben. Wolfsburg war ein Schwerpunkt im sozialen Wohnungsbau Niedersachsens, der den raschen Weiterbau der Wohnstadt sowie den Neu- und Ausbau ihrer öffentlichen Einrichtungen ankurbelte und auch der Wirtschaft einer größeren Region starke Wachstumsimpulse gab.

Sozial bedeutete: Möglichst vielen Menschen eine Wohnung zu geben mit festgesetzt niedrigen Mieten, für jedermann erschwinglich und trotzdem kostendeckend. Das war für Architekten wie für die Bauträger ein enger Rahmen. Sollten nicht die kostengünstigste Anordnung des Wohnungsgrundrisses und die sparsamste Ausführung des Hochbaues eintönig immer wiederkehren, mußten Architekten ihre Gestaltungskraft voll fordern, die Bauausführenden ihr kaufmännisches und technisches Können einsetzen.

Einfälle gegen Eintönigkeit

»Kunst am Bau«, für die ein bestimmter Teil der Bausumme ausgegeben werden mußte, südlich farbiger Hausverputz und bunte Balkone, »öffentliches Grün« und Kinderspielplätze reichen nicht aus, um in einigen Wolfsburger Stadtteilen weiterhin von einer gewissen Eintönigkeit des sozialen Wohnungsbaues jener Jahre abzulenken. Stadt und Baugesellschaften gewannen und honorierten international namhafte Architekten; sie sollten ihre Problemlösung in originellen Variationen demonstrieren und städtebauliche Akzente setzen. Auch der private Geschäfts- und Wohnungsbau bemühte sich um aufgelockerte Vielfalt.

Brückenschlag: Als der Mittellandkanal einen tiefen Graben durch das Wolfsburger Land zog und das Schloß von den Dörfern im Süden trennte, entstand diese Kanalbrücke. Die parallel zum Kanal verlaufende Eisenbahnstrecke wurde durch Schranken gesichert. Seit 1957 spannt die breite Berliner Brücke ihre weiten Bogen über Gleise und Kanalbett. Ihre Fertigstellung war Voraussetzung für den Bau der nördlichen Stadtviertel Teichbreite, Tiergartenbreite und Kreuzheide.

Schachtweg: Zunächst führte er die Arbeiter in das Kalibergwerk, dann Jahrzehnte die VW-Arbeiter über einen Steg in das Automobilwerk. Er war zusammen mit dem Kaufhof Wolfsburgs Einkaufsstraße, ehe die Porschestraße ihm diese Bedeutung abnahm. Am 10., 20. und 30. jeden Monats zahlte VW die Löhne aus. Dann warteten hier die Ehefrauen und sorgten dafür, daß Ehemann und volle Lohntüte sicher nach Hause kamen. Heute erhält jeder Mitarbeiter seine Vergütung bargeldlos.

›Wasser aus den Gemeinschaftsanlagen der landwirtschaftlichen Beregnungsverbände bezogen.
Die Stadtwerke pumpten 1982 in ihr 353 Kilometer langes Rohrnetz 10,2 Millionen Kubikmeter. Einige Ortsteile werden nach wie vor von lokalen Wasserbeschaffungsverbänden versorgt.
Da die schmale Aller und der Mittellandkanal mit seinem gleichbleibenden Pegel nur begrenzt aufnahmefähig sind, wird Regenwasser in großen Mengen (z.B. nach einem Wolkenbruch) zunächst in den künstlich angelegten Becken zurückgehalten, die als natürlich wirkende Teiche allenthalben die Grünanlagen zieren.
Die Abwässer werden auf den sandigen Ackerböden im Norden des Stadtgebietes verregnet. Das erhöht die Bodenqualität und den landwirtschaftlichen Nutzen – aber auch den Verdruß der Wolfsburger, die sich in diesen Ortsteilen ihre Eigenheime »im Grünen« bauten.
Der Abwasserverband, der seit der Stadtgründung besteht, verregnet mit 52 Maschinen täglich auf einer Fläche von 1500 Hektar 15–20.000 Kubikmeter. Es beginnt im Frühjahr auf den Feldern mit Winterweizen; es folgen Sommerweizen und Kartoffeln und schließlich Rüben. Die Landwirte erzielen Erträge, die vergleichbar sind mit den Ernten von Böden, die eine Bonitierung von 50 bis 60 Punkten haben. Ohne Verregnung wäre bei 18 bis 24 Punkten Bonitierung bestenfalls der Anbau von Kartoffeln und Roggen möglich.
Für den Abbau der Geruchsbelästigung soll eine zusätzliche Kläranlage sorgen, die für rund 50 Millionen DM auf dem Stahlberg gebaut wird. Die Schwermetallbelastung ist nach Auskunft des Verbandes nicht höher als bei nicht beregneten Böden. Die Landwirte bezahlen nur einen kleinen Teil der bei der Verregnung anfallenden Kosten; 97 Prozent des Aufwandes trägt die Stadt.
Den Müll – jährlich 40.000 t – fahren fünfzehn Spezialfahrzeuge auf eine Deponie im Barnbruch, wo er fachgerecht abgelagert wird. □

Wohnen im Grünen: Auf Feldern und Wiesen, aber auch in lichte Waldbestände hinein baute die Stadt ihre neuen Viertel (wie die VW-Wohnungsbau GmbH hier am Rabenberg). Stets säumten breite Grüngürtel die Stadtteile, um in sich geschlossene »Nachbarschaften« zu fördern, in denen die Bewohner einander kennen können, nicht anoym bleiben müssen.

Die Stadt wächst schnell

Mit Kollers Berufung zum Professor für Städteplanung und -bau sicherte sich 1960 die Technische Universität Berlin einen der Besten auf diesem Gebiet. Sie anerkannte damit auch sein Schaffen in Wolfsburg. Hier hatte er in den fünf Jahren seiner Tätigkeit als Baudezernent die Weiterentwicklung der Stadt seiner ursprünglichen Konzeption in großen Zügen wieder angenähert und mit der Errichtung der Stadtviertel Hellwinkel, Eichelkamp, Klieversberg-Süd, Rabenberg und Laagberg die Stadt nach Süden um den Klieversberg herumzogen.

Aber er hatte auch den Sprung über den Kanal getan und im Norden die Stadtteile Tiergarten und Teichbreite begonnen. Voraussetzung dafür war der Bau der breiten »Berliner Brücke« über Eisenbahn und Mittellandkanal. In diesen Jahren wurden wichtige öffentliche Bauten fertiggestellt oder begonnen wie Rathaus, Stadthalle, Postamt, Bahnhof, Hallenbad und nicht zuletzt das Kulturzentrum für Stadtbücherei, Volkshochschule und Jugendfreizeiteinrichtungen.
Sie standen im Tal, außer dem Stadtkrankenhaus, das anstelle der Parteibauten nunmehr den Klieversberg »krönte«. Auf dem Laagberg verschwanden mit den noch verbliebenen Baracken auch die letzten sichtbaren Erinnerungen an die Nöte der Gründer- und Pionierjahre.

»Goldene Zeiten« waren für die Volkswagenstadt und auch für die Nachbargemeinden angebrochen. Überall entstanden neue Stadtteile und Siedlungen. Von ersten Wirtschaftsflauten und von Schwankungen

Märkte: Der erste entstand 1938/39 auf dem Steimkerberg, auch später mochte man beim Bau der neuen Stadtteile nicht darauf verzichten. Fast jedes Viertel hat seinen kleinen Platz, auf einigen wird noch wöchentlich Markt gehalten. Wie auf dem Dunantplatz beleben oft die Wasserspiele der Brunnen das Bild, laden die Kinder zum Planschen und die Alten zum Verweilen ein. Diese Anlage schuf der Wolfsburger Künstler Peter Szaif.

Ablösung: Eine der beiden Fußgängerbrücken über Kanal und Bahngleise ist bereits fertig, die zweite wird weiter westlich die Verkehrsanlagen überqueren. Sie sind breiter und stabiler als der enge alte Steg am Sektor 13, der die Stadt mit dem Werk verbindet. Er wird demontiert. Inzwischen haben auch die neuen Brücken längst ausgedient; Tunnel haben sie ersetzt.

des Automobilgeschäftes nur wenig berührt, trugen die Wachstumsimpulse den Ausbau der Stadt über die glänzenden 60er bis in die Mitte der 70er Jahre hinein.

Die große Krise

Auch unter neuem Management nach dem Tode Nordhoffs (1968) gedieh das Volkswagenwerk weiter.
Es festigte seine internationale Bedeutung als Automobilkonzern mit vielen Werken im In- und Ausland und neuen Tochtergesellschaften (z. B. Audi-NSU). Je reichlicher aus diesem Erfolg die Steuern den Kommunen zuflossen, um so mehr verursachte die schicksalhafte Abhängigkeit vom Automobilgeschäft Unbehagen.

Dennoch, die große, alles gefährdende Krise kam 1974/75 unvermittelt.
In einer gewaltigen Anstrengung mußte das Volkswagenwerk das veraltete, enge Modellangebot durch Entwicklung und Produktion einer neuen, umfassenden und marktgerechten Automobilpalette ersetzen.

Es war wohl zu erwarten, daß die Mitarbeiter und die Finanzkraft des Unternehmens bis an die äußersten Grenzen gefordert werden müßten. Unerwartet aber war die erste weltweite Ölkrise, deren katastrophale Auswirkungen auf die Automobilmärkte mit den werksinternen Umstellungsschwierigkeiten zusammentrafen und die Belastungen vervielfachten.

So sah sich das Volkswagenwerk zum ersten Mal vor Problemen, vor die in den 80er Jahren dann viele größere Unternehmen gestellt wurden:
Es mußte seine Liquidität wiederherstellen und den Personalbestand deutlich verringern. Die Stadt Wolfsburg verzeichnete schmalere Steuereinnahmen und den nachlassenden Zuzug von Neubürgern. Der Stadtteil Westhagen kam über seine erste Baustufe nicht hinaus.

Detmerode: Als erstes Stadtviertel südlich der Waldhügel wurde im Herbst 1968 Detmerode fertig. Es entstand nach der Konzeption des Berliner Planers und Architekten Baumgarten. Eine Straße nur, die John-F.-Kennedy-Allee mit ihren zwei doppelspurigen Fahrbahnen, verbindet den Verkehr kreuzungsfrei mit der Braunschweiger Straße, die (im Bild oben rechts) über den Mörser Knoten an die Autobahn A 39 angeschlossen ist. Höhere Bauten wie das Terrassenhaus (unten) oder »Don Camillo und Peppone« (links oben) setzen Akzente und geben dem Stadtteil schon von weitem seine eigene Silhouette. Doch den größeren Teil dieses Wohngebietes kennzeichnen die flachen Dächer der Einfamilien-Reihen- und Atriumhäuser. Auch eine Kleingarten-Kolonie findet Platz. Der große Teich, dessen Ufer Baum und Buschwerk säumen, ist künstlich angelegt.

Westhagen: Detmerodes Zwilling im Süden der Stadt gibt sich kompakt und wuchtig. Bauliche Verdichtung heißt der Ansatz für diese Konzeption, die vom Stadtplanungsamt entworfen wurde und seit Herbst 1969 in einzelnen Bauabschnitten verwirklicht wird. Die hohe Bevölkerungsdichte erfordert zahlreiche Geschäfte des Einzelhandels und des Handwerks, kleine Gewerbebetriebe, bürgernahe Zweigstellen der Behörden und Freizeiteinrichtungen und macht die Trabantenstadt weitgehend von der City unabhängig. Nach Süden und Westen trennt die Autobahn A 39 (oberer Bildrand) Westhagen von den Neubaugebieten des Ortsteils Mörse.

Viel Beton: Zu Zeiten des sozialen Wohnungsbaues setzten Maurer, die Mörtelkelle in der Hand, noch Stein auf Stein, und waren es keine gebrannten Ziegel, wurden die Wände abschließend gestrichen oder farbig verputzt. Heute beherrscht Beton – Stahlbeton, Sichtbeton, Waschbeton – die Baustellen. Soweit es geht, werden Träger, Innen- und Außenwände im Betonwerk vorgefertigt und auf dem Bauplatz montiert, die Decken werden an Ort und Stelle gegossen. Kantige Wasch- und Sichtbetonplatten bestimmen auch diesen Brunnenplatz zwischen den Hochhäusern. Die Büsche und Bäumchen des »öffentlichen Grüns« tun sich noch schwer. Spielende Kinder und die aus ihren Brunnenschalen herabplätschernden Wasser bringen Leben und Bewegung ins Bild.

Die Bebauung wird dichter

Als Anfang Juli 1978 Wolfsburg eine Woche hindurch sein 40jähriges Bestehen feierte, lag wieder Sonne auf der Stadt. Durch die Eingliederung von Fallersleben und Vorsfelde sowie achtzehn weiteren Nachbargemeinden war sie bereits am 1. Juli 1972 Großstadt geworden.

Auch aus sich heraus war Wolfsburg weiter gewachsen. Im Norden kam das Kreuzheide-Viertel hinzu. Im Südwesten entstanden die Stadtteile Detmerode, in dem heute fast 14000 Wolfsburger wohnen, und Westhagen, das bereits mehr als 11000 der geplanten 15000 Einwohner aufgenommen hat. Den Besucher, der sich auf der Autobahn A 39 nähert, begrüßen Detmerode mit hellen Hochhäusern (»Don Camillo und Peppone«) und Westhagen mit einer mehrgeschossigen, sehr kompakten Häusermasse.

Hier wird der Wandel im Städtebau sichtbar, der heute in großen Städten allenthalben zu beobachten ist. Stadtbaurat Rüdiger Recknagel, Nachfolger Kollers, und sein Planer Gerhard Kern hatten die international aktuelle Formel eingeführt: bauliche Verdichtung. Bei steigenden Kosten sollte sie die Pro-Kopf-Aufwendungen für Erschließung, Versorgung und Entsorgung senken bzw. halten, gleichzeitig sollten die größeren Stadtteile mehr bürgernahe Dienststellen und öffentliche Einrichtungen ermöglichen, ihre Leistungsfähigkeit verbessern sowie den privaten Unternehmen im Handel und Gewerbe eine tragfähige Existenzgrundlage garantieren. Nicht zuletzt wollten die Planer mit dieser Formel das immer wertvoller werdende Bauland intensiver nutzen.

Stimmung: An gastlichen Stätten für gemütliches Beisammensein, Begegnung und Gespräche mit den Nachbarn mangelt es auch in den neuen Stadtvierteln nicht. Aber wenn zwischen altem Fachwerk in den Ortsteilen gefeiert wird, wie hier 1977 das Altstadtfest in Fallersleben, kommt eine besondere Stimmung auf, die alle Wolfsburger herbeilockt.

Auch größere Schatten

Daß im Schatten der Hochhäuser – mag ihre Silhouette den Fremden auch großstädtisch beeindrucken – trotz des größeren Angebotes an Stadtteilkultur und Kommunikation auch Unbehagen wächst, seelische Erkrankungen einschließlich Sucht und Aggression zunehmen, ist nicht zu verkennen, objektiv aber erst nach einem längeren Zeitraum zu beurteilen.
Begrenzten die neuen nördlichen Stadtviertel Teich- und Tiergartenbreite ihre Einwohnerzahl auf maximal je 6000, so zählen im Südwesten der Stadt der »Trabant« Detmerode mehr Einwohner als die ehemalige Stadt Fallersleben und sein »Zwilling« Westhagen doppelt so viele Wolfsburger wie die dichtbewohnte Stadtmitte. Bauprojekte dieser Größenordnung verlangten Koordination – das war eine Aufgabe für die »Aufbau« GmbH – und Generalunternehmer wie z. B. die gewerkschaftseigene »Neue Heimat«.

Auch Bautechnik und -organisation hatten sich gewandelt: Die konsequente Verwendung von Stahlbeton und Fertigteilen sollte Zeit sparen und Kostenentwicklung bremsen.
Neue Materialien und Techniken eröffneten den Architekten größere Möglichkeiten; sich wandelnde Lebenseinstellung und Wohnansprüche forderten sie zu einer neuen Qualität der Gestaltung unter Einbeziehung der Umgebung heraus.

Räume für Begegnung und Gespräch

Nicht nur als Folge der dichten Bebauung, sondern auch als Ausdruck veränderten Umgangs mit Nachbarn und Natur waren Angebote gefragt, die von allen Generationen angenommen werden konnten: originelle Treffpunkte in den Straßen und Parks, einladende Zonen des Zusammenlebens für jung und alt, gastliche Stätten für Begegnung und Gespräch. In den neuen Stadtteilen wurden sie zusammen mit Einkaufs- und Dienstleistungsangeboten als »Markt« geschaffen.

In Fallersleben und Vorsfelde und mancher Gemeinde hatte sich das Miteinander lebendig gehalten; nun zogen diese Ortsteile die neuen »Großstädter« an und erfüllten in Verbindung mit Bräuchen und lokaler Eigenart die Ansprüche einer sich wandelnden Gesellschaft.

Wohnlandschaft: An vielen Stellen Wolfsburgs wie hier am Rabenberg läßt das Stadtbild die Industriestadt vergessen und eher an einen Kurort denken. Vor der in die Felder, Wiesen und Wälder mit neuen Häusern hinausdrängenden Stadt die Pflanzen- und Tierwelt zu schützen, die ursprüngliche Landschaft weitgehend zu erhalten, fordert eine sensibler in ihrer Umwelt lebende Bevölkerung von Planern und Architekten.

Landschaft erhalten und pflegen

Die Zerstörung der Natur in den Ballungsgebieten, die Verschmutzung von Luft und Wasser, die verlustreichen Eingriffe in die Tier- und Pflanzenwelt lassen auch die Wolfsburger besorgt sein. Wachsam versuchen sie vor Ort die Gefährdung der Umwelt durch Industrie und Siedlungsbau abzuwenden.
Ihre in die Landschaft hineindrängende Stadt hat große grüne Inseln gelassen, zumeist mit ihrem natürlich gewachsenen Bestand an

Wappentier: Neben dem Schild mit drei Greifenklauen der Grafen von der Schulenburg schmückt der Schild der Herren von Bartensleben mit einem über Korngarben springenden Wolf das große Tor des Schlosses Wolfsburg. Auf dem Wappen, das die Bürger ihrer jungen Stadt gaben, streicht ein grimmiger Wolf schwanzwedelnd um Zinnen und zwei Türme einer alten Wasserburg. Zum Spieltier für Kinder hat sich das stolze Wappentier in der Bronzegruppe heulender Wölfe gewandelt, die als Wahrzeichen in der Fußgängerzone der Porschestraße aufgestellt wurde.

Bäumen, Sträuchern und Pflanzen; gelegentlich haben Landschaftsgärtner sie zu Parks gestaltet.
Ein vorbildlich ausgebautes Netz von Fuß- und Radwanderwegen verbindet sie und die einzelnen Stadtviertel.
In die Landschaft hineinentwickelt wurde auch der große Waldfriedhof im Norden Wolfsburgs. Die idyllischen Teiche, auf die der Wanderer häufig in den Anlagen trifft, lassen ihre Funktion nicht erkennen:
Sie sammeln das Oberflächenwasser und halten es zeitweise zurück, um Hochwasserschäden im Allertal zu vermeiden.

Die Stadtmitte mußte attraktiver werden

Gepflegte grüne Erholungsgebiete »vor der Haustür« zwischen den alten wie den neuen Stadtvierteln, nach wie vor landwirtschaftlich genutzte Felder, Wiesen und Forste zwischen den eingegliederten Ortsteilen – in seiner aufgelockerten Bebauung war Wolfsburg eine große, weitläufige Stadt geworden. Um auch eine Großstadt zu werden, die örtliche Eigenständigkeit achtet und dennoch Vielfalt zusammenzuhalten vermag, mußte sie mit Phantasie und Kraft ein Spannungsfeld schaffen. Das hieß, das Stadtzentrum für die Wolfsburger und ihre Nachbarn in einer größeren Region attraktiver gestalten.

Die Herausforderung richtete sich an alle: Die öffentliche Hand mußte ihre Einrichtungen weiterentwickeln, Verkehrswege, Versorgung und Entsorgung, Verwaltung, Freizeit und Kultur. Vom privaten Einzelhandel, Gewerbe und Dienstleistungsbereich wurden Erweiterungen und Verbesserungen des Angebotes erwartet, die bei hohem Risiko die kleinen und mittelgroßen Firmen bis an die Grenzen ihrer Finanzkraft beanspruchten.

Erwartungen und Hoffnungen der Unternehmer waren hoch. Ihre Geschäfte waren nicht leichter geworden. Auf »grüner Wiese« am Stadtrand waren mit Supermärkten starke Wettbewerber gewachsen, die unter einem Dach – häufig zu niedrigeren Preisen – alles anbieten konnten, was eine Familie in einer Woche braucht und verbraucht. Der motorisierte Wolfsburger Käufer erreichte diese Großmärkte schnell; sein Auto konnte er ohne Kosten und lange Suche mühelos parken.

Dichtgemacht: Nach dem Vorbild der »Kö« in Düsseldorf und des »Ku«-damms in Berlin sollte die »Po« in Wolfsburg der attraktive Bummel- und Einkaufsboulevard werden. Die Porschestraße wurde in einer breiten Trasse für den fließenden und den ruhenden Verkehr vom südlichen Waldhang des Klieversberges mit unverbautem Blick auf das Schloß Wolfsburg nach Norden geführt und mündete in den Bahnhofskreisel (unten im Bild). Die Umgestaltung der alten Stadtmitte zur City schloß den mittleren Abschnitt zwischen der von Westen heranführenden Kleist- und der Goethestraße und etablierte dort eine Fußgängerzone. Die Wohnhäuser in der Schillerstraße (rechts) verloren ihre Vorgärten für die Verbreiterung der Fahrbahn, auf der jetzt der Verkehr um die City herumgeleitet wird. (Im Bilde unten links das Verwaltungsgebäude der Stadtwerke, oben rechts das Theater).

Vor der Haustür: Die Schillerstraße war mit ihren Mietshäusern aus den Gründerjahren eine Wohnstraße. Sie wurde bis an die Haustüren verbreitert, um als dreispurige Einbahnstraße den starken Verkehr aufnehmen zu können, der einst durch die Porschestraße in südlicher Richtung floß. Zwischen den Arkaden (links) geht es in den Kaufhof mit seinen kleinen Läden und Lokalen.

Weitreichende Umbauten

Dieser verschärfte Wettbewerb des Einzelhandels um die hohe Kaufkraft in der Volkswagenstadt entstand zudem noch vor dem Hintergrund einer deutlichen Marktsättigung. Absatz und Wachstum erforderten jetzt immer stärker anstatt des stummen, statischen Angebots im Schaufenster dynamische Präsentation, Aktionen, Happenings, Phantasie. In Wolfsburg war das seit langem geplante Stadtzentrum gerade fertiggestellt worden; nun erschien es überholt. Wie in den geschichtsträchtig alten Städten mußten auch in der neuen Stadt die Architekten in ihr Leitbild vom Bürger mit seinen kulturellen, politischen, gesellschaftlichen Ansprüchen seine Funktion als Konsument einpassen. Vor diese Aufgabe sah sich Stadtbaurat Kern gestellt, als sein Vorgänger Recknagel nach Düsseldorf berufen wurde und er die Verantwortung für die weitere bauliche Entwicklung übernahm. Das Projekt, eine große Bühne und verlockende Kulissen für die Inszenierung verbraucherfreundlichen Stadtlebens zu schaffen, wurde der stadteigenen »Aufbau«-Gesellschaft übertragen, die sich seit Mitte der 60er Jahre bei solchen übergreifenden Vorhaben bewährt hatte. Nur ein Teil der Planung wurde bisher verwirklicht. Die Gestaltung des »Südkopfs Porschestraße« wurde lange und heftig diskutiert, aber erst jüngst angepackt.

Fußgängerzone: Beschaulichkeit abseits des Verkehrslärms und des Autostroms bietet die Porschestraße in ihrem Mittelteil den Fußgängern an. Auf den einst zwei Fahrbahnen und ihren seitlichen Parkstreifen gruppieren sich jetzt zweigeschossige Verkaufspavillons, Spielplätze, Brunnen, Sitzgruppen und Blumenbeete.

Eine neue City

Aus dem einst stark befahrenen Geschäftsboulevard, der Porschestraße, wurde im mittleren Abschnitt ein Fußgängerbereich mit einer Vielfalt bekannter und neuer Läden. Restaurants und Cafés unter Dach und im Freien entstanden. Geldinstitute, Praxen für Ärzte und Anwälte, die publikumsnahen Dienststellen der Stadtverwaltung, das Kulturzentrum, Postamt und Gericht haben hier ihre Adresse.

Vertraute Häuserfronten aus den 50er Jahren bekamen Vorbauten und verjüngten ihre Fassade. Zahlreiche Neubauten sehr unterschiedlicher Architektur veränderten das Gesicht der Porschestraße gründlich. Kleine überschaubare Straßenräume bieten spielenden Kindern und Schachfreunden, Musikanten und fliegenden Händlern, Parteien und Bürgerinitiativen Platz für Spiel, Geschäft, Werbung und engagierte Aussprache.

Veränderungen auch abseits dieser Zone: Der Kaufhof, dessen Sammlung kleiner Läden an die schweren Anfangsjahre erinnert, wurde zu einem anlockenden kleinen »Bazar«.

Den Rathausplatz, auf dem zweimal in der Woche Markt gehalten wird, veränderten ansteigende Terrassen mit Bäumen und Blumenrabatten, Brunnen und Plastiken.

In der Gesamtgestaltung der Innenstadt setzte sich auch der Tiefbau kunstvoll ein Denkmal: Bunte Natursteinplatten im Wechsel mit klotzigen Pflastersteinen, Sitzgrotten und Stufen, Blumenterrassen und Brunnensenken mögen den Bürger daran erinnern, daß in keinem Stadtviertel die Bauten hätten in die Höhe wachsen können ohne die Straßen und Wege, das unsichtbare Netz der Kanäle und Rohre, die der Tiefbau anlegte.

Nicht weniger wichtig als ihre Attraktivität ist die Erreichbarkeit einer City. Vorhandene Straßen mußten durch Umbauten und einbahnige Führung zu einem Ring für den fließenden Verkehr verbunden werden. Für den ruhenden Verkehr wurden – in Nähe der Fußgängerzone – Parkplätze und -häuser sowie eine Tiefgarage erstellt. Auch der öffentliche Nahverkehr führt seine Buslinien an die City

Rathausmarkt: Auf der ursprünglich großen, ebenen Fläche ist wenig Platz geblieben für die Verkaufsstände der Bauern und Gärtner, Bäcker und Schlachter, die hier mittwochs und sonnabends ihre Erzeugnisse anbieten; wenig ist geblieben von der seit der Antike bis in dieses Jahrhundert gültigen Auffassung von der Funktion und Gestaltung eines von Gebäuden gesäumten Platzes in der Stadtmitte. Als Beitrag zur Attraktivität der City haben die Stadtarchitekten die Fläche vor dem Rathaus mit Sitzgrotten, Blumenkübeln und Brunnen »möbliert«, wie die Fachleute sagen. Nicht mehr ein Platz, auch nicht ein Park – aber wenigstens kein Parkplatz.

heran; seine Haltestellen verkürzen seinen Fahrgästen den Weg zum Einkauf.

Längst vergessen: Stadtbücherei, Reise- und Verkehrsbüro hatten Quartier in dieser langgestreckten Holzbaracke am Schachtweg. Sie war eine der besterhaltenen in der Barackenstadt. Parksorgen gab es nicht; Platz war an jedem Kantenstein.

Wintervergnügen: In Breitengraden, in denen oft nicht nur der Sommer, sondern auch die Winter verregnen, sind die zahlreichen Freunde des Eislaufs und -sports auf eine Halle angewiesen. Hier im Allerpark steht er nun: ihr »Eispalast«.

Es gibt viel zu sehen und zu erleben

Neben dieser gemeinsamen Anstrengung der Stadt und ihrer Bürger, Wolfsburg ein interessantes, sympathisches Gesicht, eine freundlich einladende Geste zu geben, sollen die einzelnen Einrichtungen nicht vergessen werden, die im vergangenen Jahrdutzend den Freizeit- und Erholungswert erhöhten: der Theaterbau am Klieversberg, das Planetarium, das Automobilmuseum, der Allerpark und der künstliche Allersee, das »Badeland«, der »Eispalast«, das Schwefelbad Fallersleben.

Zu Besuchen lädt immer wieder das Schloß Wolfsburg ein mit seiner sehenswerten Sammlung zeitgenössischer Kunst und wechselnden Ausstellungen, mit dem Heimatmuseum und dem Park alter Bäume.

Die historischen Bauten Fallerslebens, der Geburtsstadt des Dichters und Revolutionärs Hoffmann, sowie Vorsfeldes und der Ortsteile stehen in reizvollem Kontrast zu den Bauten unserer Zeit. Alte Gotteshäuser stellen sich dem Vergleich mit modernen Gemeindezentren der verschiedenen kirchlichen Konfessionen.

Wolfsburg bietet seinen jährlich mehr als hunderttausend Besuchern neben dem Volkswagenwerk viele Sehenswürdigkeiten. Nicht wenige Gäste aus dem In- und Ausland sind Teilnehmer regionaler Tagungen oder internationaler Kongresse, denen die vielen Zwecken dienende Stadthalle Raum und Veranstaltungstechnik bietet, viele sind Zuschauer oder Aktive großer sportlicher Veranstaltungen.

Seinen Bürgern und Gästen stellt sich Wolfsburg nach einem halben Jahrhundert seit der Gründung als eine tüchtige, lebensfähige Stadt. Wer sind die Menschen, die hier wohnen und arbeiten? Woher kamen sie, ihre Eltern, Großeltern? Wie fühlen sie sich in einer Stadt, deren neue Viertel auf dem Reißbrett heranwuchsen und im Wald, auf freiem Acker und grüner Wiese gebaut wurden?

Bastion: Wie eine Kulturfestung steht das Bühnenhaus des Theaters der Stadt Wolfsburg am Klieversberg, umgeben von den flachen Gebäuden des Foyers, der Restauration, Garderoben, Werkstätten und Verwaltung.

Für Sternstunden: Am Nordhang des Klieversberges versammeln sich die Kugel des Planetariums, der langgestreckte Bau des Theaters und die Gebäude der Stadthalle, um ihren Besuchern Sternenwelten zu projezieren, ihnen in Show und Sport Weltstars vorzustellen, den Theater- und Konzertfreunden unvergeßliche Stunden mit den großen Künstlern dieser Zeit zu vermitteln.

Möwenblick: Vor einem Jahrtausend sumpfig und nicht passierbar, hat sich das Urstromtal der Aller im letzten Jahrzehnt zu einer Freizeit- und Ferienlandschaft gewandelt, in der sich die Wolfsburger erholen: an sonnigen Tagen am und auf dem Allersee, an kühlen unter dem Dach des Badelandes (im Vordergrund).

Stadtverwaltung der Vol

Trotz vieler Erschwernisse weiterer Ausbau der gemeindlichen Verwaltung und Betreuung

Das Jahr 1943 wird in die Geschichte eingehen als das Jahr der härtesten Bewährung. Daran sind Front und Heimat gleicher-maßen beteiligt. Wenn die Feinde Deutschlands ein Ziel erreicht haben, so ist es dieses: das deutsche Volk ist hart geworden und steht wie ein Mann, kampferprobt und unbeugsam, hinter seinem Führer.

Die Erreichung dieses Zieles ist die Tat der Bewegung. Sie erfaßt und durchdringt alles Geschehen im Volke und richtet alles auf das eine Ziel aus: Sieg um jeden Preis! Es ist selbstverständlich, daß die unterste Zelle des Staates, die gemeindliche Selbstverwaltung, ebenfalls nur dieses eine Ziel kennt. Ihr fallen infolge ihrer nahen Verbundenheit mit allen Volksgenossen auch besondere Aufgaben zu. Es gibt wohl kaum einen Volksgenossen, der nicht in der einen oder anderen Angelegenheit mit der Stadtverwaltung in Verbindung käme. Im vergangenen 4. Kriegsjahr hat auch sie die ihr gestellten Aufgaben unter schwierigen Bedingungen erfüllt. Wenn auch schon in den vergangenen Jahren die Gewinnung geeigneter Kräfte eine Hauptsorge war, so ist der Mangel hierin im letzten Jahre besonders stark hervorgetreten. Im Zeichen des totalen Kriegseinsatzes wurden eine ganze Reihe weiterer Gefolgschaftsmitglieder zum Waffendienst einberufen.

Einführung des Ersten Beigeordneten Hofer

Besonders einschneidend wirkte sich die kurzfristige Einberufung des Bürgermeisters Steinecke im September 1943 aus. Erst kurze Zeit vorher, am 1. August 1943, wurde der stellvertretende Bürgermeister, Erster Beigeordneter Hofer, in sein Amt eingeführt.Seit der Einberufung des Bürgermeisters werden die Geschicke der Stadt durch ihn gelenkt.

Erster Beigeordneter Hofer war bis zu Beginn des Krieges Rechtsanwalt in Ostpreußen. Bei Kriegsbeginn zur Wehrmacht einberufen, hat er an den Feldzügen in Polen, Frankreich und bis zum 1. Juli 1943 gegen Sowjetrußland teilgenommen, wo er zuletzt als Hauptmann d. R. eingesetzt war.

In das Jahr 1943 fällt auch die für die Geschichte der Stadt bedeutungsvolle

Einführung der Ratsherren

am 13. Januar. Dieser denkwürdigen ersten Sitzung der Ratsherren in der Stadt des KdF-Wagens wohnten Vertreter von Partei und Staat bei. Mit der Einführung der Ratsherren als verfassungsmäßigem Beratungsorgan des Bürgermeisters ist ein weiterer Schritt vorwärts getan. Die von der Partei zu Ratsherren Berufenen bieten einzeln und in ihrer Zusammensetzung die Gewähr für eine volksnahe Arbeit der gemeindlichen Stadtverwaltung. Im Laufe des Jahres 1943 haben verschiedene Beratungen stattgefunden. Ein geeigneter Beratungsraum wurde im

Schloß Wolfsburg

hergerichtet, das mit Wirkung vom 1. Januar 1943 vom Grafen Günther von der Schulenburg in das Eigentum der Stadt übergegangen ist. Mit dem Erwerb des Schlosses Wolfsburg hat die Stadt das Erbe einer großen und reichen Vergangenheit angetreten. Sie wird es als ihre Aufgabe betrachten, dieses hervorragende Baudenkmal aus dem 12. Jahrhundert der Nachwelt zu erhalten. Eine würdige Ausgestaltung der Räume muß aus kriegsbedingten Gründen zur Zeit unterbleiben. Im Vordergrund stehen bei der Ausnutzung wie überall im Augenblick die kriegsbedingten Notwendigkeiten. So wurden u. a. sechs Wohnungen eingerichtet.

Eine besondere Rolle spielen die zahlreichen Räume des Schlosses für das

kulturelle Leben

in der Stadt des KdF-Wagens. In guter Erinnerung wird allen Volksgenossen noch die Gemäldeausstellung von Werken alter Meister sein, die als ein voller Erfolg bezeichnet werden kann. Aber auch zu anderen Veranstaltungen, wie: Dichterlesungen, Musikdarbietungen usw., öffneten sich die Tore des Schlosses des öfteren.

Als besonderes Ereignis auf dem Gebiete des kulturellen Schaffens der Stadt kann die

Einrichtung der Stadtbücherei

im März 1943 bewertet werden. Mit ihrer Eröffnung wurde zweifellos einem fühlbaren Mangel abgeholfen. In ihrer Auswahl von über 5000 Bänden umfaßt sie Werke aller Gebiete, vom Unterhaltenden bis zum Wissenschaftlichen. Die Bestände werden laufend durch Neuerscheinungen ergänzt. Daß die Eröffnung im vierten Kriegsjahre möglich war, zeigt, daß die Stadt unter schwierigsten Verhältnissen gewillt ist, die kulturelle Betreuung der Einwohnerschaft nach besten Kräften zu fördern. Eine glückliche Lösung für die Unterbringung der Stadtbücherei boten die Räume der Verwaltungsbaracke in der Fallerslebener Straße 32. Schon die Ausgestaltung der Räume läßt darauf schließen, daß trotz der kriegsbedingten Schwierigkeiten hier ein Werk geschaffen wurde, das mit dazu beitragen wird, wertvolles deutsches Kulturgut zu vermitteln

Besonderer Beliebtheit erfreuen sich die im Oktober 1943 eingerichteten Jugendlesestunden in den besonders dafür hergerichteten Räumen der Stadtbücherei. Hier stehen Kindern vom 8. bis 14. Lebensjahr Bücher aller Interessengebiete in reicher Auswahl zur Verfügung. Die Kinder wählen sich ihre Bücher selbst aus und ein Blick in die Kinderlesestunde zeigt, daß das Interesse außerordentlich groß ist. Teilweise mußten eine ganze Anzahl von Lesehungrigen wieder nach Hause gesckickt werden, weil die Räume infolge der regen Beteiligung einfach nicht ausreichten. Es ist durch Verlegung der Lesezeiten dafür Sorge getragen, daß in Zukunft allen Kindern die Möglichkeit zur Benutzung dieser Einrichtung geboten wird.

Im Laufe des vergangenen Jahres konnten auch die Vorarbeiten für eine weitere Einrichtung abgeschlossen werden, die sicher von allen Volksgenossen lebhaft begrüßt wird. Es handelt sich dabei um die Errichtung der

Städtischen Musikschule.

Schon jetzt kann mitgeteilt werden daß mit ihrer Eröffnung nach Ueberwindung mannigfacher Schwierigkeiten in allernächster Zeit zu rechnen ist. Es ist auch gelungen, im Musikdirektor August Wilhelm Lukaschick eine Persönlichkeit zu gewinnen, die die Gewähr dafür bietet, daß auch diese Einrichtung einem Mangel abhilft, der namentlich von den Eltern heranwachsender Kinder bisher besonders stark empfunden wurde. Die Städtisches Musikschule wird demnächst ihre Räume im Schloß Wolfsburg geziehen. Es ist geplant, einen Teil des Unterrichts, der sich auf alle volkstümlichen Instrumente erstreckt, nach der Volkschule II. Ludendorffstraße, zu verlegen, um auch für die im Westteil der Stadt Wohnenden den für Kinder etwas weiten Weg nach Wolfsburg zu vermeiden.

Berücksichtigt man, daß die Stadt die kulturelle Arbeit der NS-Gemeinschaft „Kraft durch Freude" durch Bereitstellung erheblicher Mittel unterstützt, so ist daraus unschwer zu erkennen, daß alles nur Mögliche getan wird, den Volksgenossen in der Stadt des KdF-Wagens nicht nur infolge, sondern gerade trotz des Krieges eine möglichstweitgehende kulturelle Betreuung angedeihen zu lassen. Zu der

Entwicklung des Schulwesens

wurde auf der begonnenen Grundlage weitergearbeitet. 385 Kinder wurden zu Beginn des neuen Schuljahres im Herbst 1943 eingeschult. Infolge Einstellung der Bautätigkeit konnte auch der Schulneubau im Stadtteil Wellekamp nicht weitergeführt werden. Der Volkschule I (Ortsteil Hetzlingen) wurde eine Hauptschule angegliedert. Die Volksschule II befindet sich in der Ludendorffstraße. Beide Volksschulen und die Hauptschule stehen unter der Leitung des Rektors Geffers.

Bei der Volksschule II befinden sich auch die Räume der städtischen Oberschule, deren Leiter, Studienrat Hoffmann, im September 1943 zum Wehrdiest einberufen wurde. Zum stellvertretenden Leiter der Anstalt wurde Studienrat Dr. Arend aus Clausthal-Zellerfeld nach hier abgeordnet. Der Anstalt, die als Oberschule

[...]wagenstadt im Jahre 1943

für Jungen mit Mädchen-Abteil eingerichtet ist, wurde im Herbst 1943 die dritte Klasse angegliedert. Sie wird sich planmäßig zu einer achtklassigen Vollanstalt entwickeln.

Die städtische Handelsschule, die zusammen mit der städtischen Berufsschule unter der Leitung des Direktors Matthießen steht, hat sich gut bewährt. Sie wurde im April 1942 gegründet und wird nach zweijährigem Unterricht im Februar 1944 ihre ersten Absolventen entlassen. Das Abschluß-Zeugnis der zweijährigen Handelsschule kommt bekanntlich dem der mittleren Reife gleich.

Zur Förderung der Volksgesundheit

Das Stadtkrankenhaus wurde im Laufe des Jahres weiter ausgebaut. Insbesondere sind hier zu nennen die Einrichtung einer inneren Abteilung und der Abteilung für Infektionskrankheiten.

Beide Einrichtungen waren entsprechend der Bedeutung der Stadt und ihrer zentralen Lage dringend erforderlich und bedeuten eine wertvolle Bereicherung für unsere Stadt und deren Umgebung. Mit Rücksicht auf die hier anwesenden zahlreichen Ausländer wurde auch die Errichtung einer besonderen Abteilung für kranke Ausländer notwendig, die im Herbst 1943 in Betrieb genommen wurde.

Gegenüber der gleichen Zeit des Vorjahres hat sich die Belegungszahl des Stadtkrankenhauses mehr als verdoppelt. Allein aus dieser Tatsache ist zu entnehmen, daß von der Stadt trotz der kriegsbedingten Schwierigkeiten hinsichtlich der ärztlichen Betreuung, der Unterbringung und Verpflegung alles getan wurde, was möglich war. Die ständig wachsende Belegungszahl macht eine Erweiterung der Anstalt notwendig. Es steht zu hoffen, daß die zu diesem Zwecke unternommenen Schritte recht bald dazu führen, die Aufnahmefähigkeit des Stadtkrankenhauses erheblich zu steigern.

Von den

städtischen Einrichtungen

wäre zu berichten, daß die Müllabfuhr, Straßenreinigung, Stadtentwässerung, die Stadtgärtnerei usw. auch im Jahre 1943 ihren Aufgaben gewachsen waren. Freilich wird niemand im Ernst erwarten, daß alle diese Maßnahmen friedensmäßig durchgeführt werden können. Von besonderem Interesse dürfte die im Jahre 1943 von der Stadt aufgenommene Altstoffsammlung sein. Sie erbrachte insgesamt 54000 Kilogramm Altstoffe. Damit hat die Stadt auch hierdurch einen Beitrag zur Gewinnung von wichtigen Rohstoffen geleistet, der der Kriegswirtschaft zugute kommt.

Der Mangel an Treibstoffen führte schon vor längerer Zeit dazu, einen eigenen

Stadtfuhrpark

zu schaffen, um allen Anforderungen gerecht zu werden. Um nun auch in der Versorgung der Pferde weitgehend unabhängig zu sein, wurde nach Wegen gesucht, eine eigene Futtergrundlage zu schaffen. Heute bewirtschaftet die Stadt rund 100 Morgen Land, zum großen Teil Flächen, die lange Zeit brach gelegen haben. Eine eigene Vieh- und Schweinezucht ergänzen den landwirtschaftlichen Betrieb. Dadurch wurde es nicht nur möglich, die benötigten Futtermittel sebst zu erzeugen, sondern es gelang auch durch Ablieferung zu einem immerhin beachtlichen Teil an dem Gelingen der Ernährungsschlacht mit beizutragen. Von Interesse dürfte dabei sein, daß z. B. der Bedarf des Stadtkrankenhauses an Fleisch, Fett, Kartoffeln und Gemüse ausschließlich aus der eigenen Erzeugung gedeckt werden konnte.

Stadtfriedhof fertiggestellt

Der neue Friedhof ist nunmehr fertiggestellt. Eine Leichenhalle mit den erforderlichen Räumen ist vorhanden. Auch die anderen, für den Beobachter nicht sichtbaren umfangreichen Vorarbeiten, wie Erlangung der landespolizeilichen Genehmigung, Friedhofsordnung, Gebührenordnung usw. usw. sind abgeschlossen, so daß in allernächster Zeit mit der Eröffnung gerechnet werden kann.

Es lohnt sich schon, einmal einen Gang nach der im Walde versteckt liegenden Anlage zu machen, die besonders bei erwachendem Frühling davon zeugt, daß hier ein wirklich würdiger Ruheplatz für unsere Toten gefunden wurde. Die jetzt hergerichtete Anlage stellt übrigens nur einen kleinen Teil der endgültigen Friedhofsanlage dar. Im Endausbau werden alle Bauwerke, wie Krematorium, Friedhofsgärtnerei usw. erstehen. Mit der Eröffnung des neuen Friedhofes wird der zur Zeit benutzte alte Friedhof in Heßlingen geschlossen werden und lediglich denjenigen als letzte Ruhestätte dienen, die dort eine Familiengrabstätte erworben haben.

Der städtische Schlacht- und Viehhof

geht nunmehr auch seiner Vollendung entgegen. Eine Verzögerung trat infolge der bekannten Ereignisse ein. Aber auch diese Schwierigkeiten werden in Kürze behoben sein und mit der Inbetriebnahme ist in naher Zukunft zu rechnen. Die Einrichtung bringt mancherlei Vorteile mit sich. Bekannt dürfte ja sein, daß der gesamte Fleischbedarf der Stadt mittels städtischen Kühlwagens aus Braunschweig herangeschafft werden muß.

Die Stadtwerke der Stadt des KdF-Wagens haben ihre bisherigen Räume in den Verwaltungsbaracken an der Fallerslebener Straße verlassen und sind in die Uebergabestation in der Clausewitzstraße eingezogen. Dort befinden sich ab 1. Sept. 1943 ihre sämtlichen Dienststellen. Aus ihrer Arbeit aus dem abgelaufenen Jahr ist die Versorgung der Stadt mit dem guten Harzwasser, das im Oktober 1943 erstmalig den Leitungen entströmte und sich durch seine waschmittelsparende Weiche auszeichnet, erwähnenswert. Weiter konnte die Versorgung des zum Weiterbau freigegebenen Teiles vom Bauabschnitt XI vorbereitet werden.

Dieser kurze Ueberblick über die Arbeit in der Stadtverwaltung ist keineswegs vollständig. Es würde zu weit führen, wollte man die Arbeit jeder einzelnen Dienststelle würdigen. Erwähnt sei nur das Polizeiamt, die Vollzugspolizei, das Standesamt, das Fürsorgeamt mit der Abteilung Familienunterhalt, das Stadtbauamt, die Stadtkasse und neben weiteren Dienststellen nicht zuletzt, die Wirtschaftsstelle. Die Arbeit gerade der Wirtschaftsstelle ist derart vielseitig und umfangreich, daß es sich erübrigt, darüber viel zu schreiben.

Berücksichtigt man dabei, daß alle Arbeiten zu einem großen Teil mit Aushilfskräften erledigt werden, so kann man abschließend sagen, daß die gemeindliche Selbstverwaltung wie alle öffentlichen Dienststellen das Gebot der Stunde begreifen. Auch für das Jahr 1944 wird die äußerste Pflichterfüllung unter der Parole: „Alles für den Sieg!" stehen.

Sie kamen von überall her

Die Menschen

Beim Bau der Volkswagenstadt wurde 1938 am Bullenberg, auf dem heute die Friedrich-von-Schiller-Schule steht, ein Steinbeil gefunden; zusammen mit weiteren Fundstücken belegt es, daß der Wolfsburger Raum schon in grauer Vorzeit Siedlungsland war. Weitere Funde im weiten Tal der Aller – so ein Faustkeillager – verweisen auf Menschen, die in der älteren Steinzeit vor etwa 20000 Jahren als Nomaden in diesem Gebiet lebten. Wie mögen sie ausgesehen haben?

Ahnenbild: Wie mögen die Wolfsburger früherer Jahrhunderte ausgesehen haben? Vom Grafen Günther von Bartensleben weiß man es, er hinterließ der Nachwelt sein Bildnis.

Dieser Raum war immer Grenzland, seit die zurückweichenden Gletscher der Eiszeit die Landschaft formten und ihre in die Nordsee abfließenden Schmelzwasser das Urstromtal der Aller bahnten. Erdkundlich betrachtet ist hier die Trennung deutlich sichtbar zwischen der Norddeutschen Tief-

Das Siedlungsgefälle zwischen Süd und Nord setzte den Raumplanern ihre binnenkolonisatorischen Ziele, die bei der Standortentscheidung für Stadt und Werk eine wichtige Rolle spielten.

ebene und den Mittelgebirgen, deren nördliche Ausläufer von bewaldeten Hügeln auf Felsgrund (z.B. Klieversberg) markiert werden. Hinter den Hügelketten erstreckt sich im Süden mit dichter Besiedlung ein breiter Streifen fruchtbarer Weizenböden von der Hildesheimer bis zur Magdeburger Börde – im Norden weiten sich bevölkerungsarme Flächen mit Forsten, sauren Wiesen und mageren Feldern; hier Moore, sandige Heidehügel und vorwiegend Nadelholz – dort Artenvielfalt an Bäumen, Sträuchern und (auch seltenen) Pflanzen.

Wenig ist über die Ureinwohner Wolfsburgs bekannt: Aufschlußreiche Funde aus jüngeren Epochen und Kulturen lassen germanische Siedlungen erkennen. Als diese Stämme während der großen Völkerwanderung in den Süden und Westen Europas zogen, rückten vom Osten her Slawen nach. Wendische Siedlungsformen sind noch heute in einigen Ortsteilen Wolfsburgs erkennbar.

Kupferstecher Matthäus Merian entdeckte: »In einer ziemlich lustigen Gegend gelegen ein ansehnliches kostbares, von lauter Steinen ausgeführtes Gebäude von dem alten Geschlechte der von Bartensleben von Grund auf erbaut«.

Arbeitgeber Bergbau: Salze aller Art und für unterschiedliche Zwecke förderte die »Gewerkschaft Rothenfelde« aus ihrer Schachtanlage. Die Sohlen der Stollen lagen in 475 m, 541 m, 638 m und 750 m Tiefe. Die Strecken reichten bis unter den Klieversberg. 1927 wurden die Gebäude und der Turm mit seinem großen Förderrad abgebrochen, der Schacht zugeschüttet und mit einer Betonplatte geschlossen.

Alte und neue Grenzen

Die andere alte Grenzlinie trennt Ost und West. Hier berührten und mischten sich germanische und slawische Volksstämme. Politische Grenzen entstanden, um Eigentums- und Machtansprüche auseinanderzuhalten. Als

Abgrenzungen provinzialer Regierung und Verwaltung überdauerten sie die Vereinigung der Königreiche Preußen und Hannover im deutschen Kaiserreich: So gehörten bis zu ihrer Eingliederung in die Stadt Wolfsburg Fallersleben im Landkreis Gifhorn zum Regierungsbezirk Lüneburg, Vorsfelde im Landkreis Helmstedt zum Verwaltungsbezirk Braunschweig.

Die Grenzschranken deutscher Kleinstaaterei sind im vergangenen Jahrhundert gefallen. An ihrer Stelle – etwa im Verlauf der alten Grenzen – ist in den Jahrzehnten seit 1945 mit neuen Grenzpfählen und Stacheldrahtzäunen eine Trennung vollzogen worden, die zwei Welten fast unüberwindbar voneinander abgrenzt. Die politischen, gesellschaftlichen, wirtschaftlichen Systeme östlicher und westlicher Denk- und Handlungsweise treffen hier zusammen, wo einmal die Mitte des „großdeutschen" NS-Staates sein sollte. Auch dieser einst zentrale Standort der Automobilfabrik hatte aus versorgungstechnischen Gründen seine Bedeutung bei der Planung.

Die „Ureinwohner" der Stadt, die Heßlinger und Rothenfelder, arbeiteten in der Land- und Forstwirtschaft, einige auch im Steinbruch auf dem Klieversberg und vor allem in einem Salzbergwerk am Schachtweg. An dieser schmalen Straße stand bis 1957 das Provisorium eines Bahnhofs, den werktäglich sechzehn Pendlerzüge anliefen bzw. verließen. Siebzig, achtzig Kilometer weit nach Norden, Westen und Süden erstreckte sich das Einzugsgebiet, aus dem das Volkswagenwerk in den 50er und 60er Jahren täglich seine Arbeitskräfte holte. Viele der Pendler siedelten im Laufe der Zeit

Arbeitgeber Landwirtschaft: In langen Kolonnen brachten Pferdegespanne die Landarbeiter hinaus zur Feldarbeit und die Ernte heim in die großen Scheuer des gräflichen Gutes.

Arbeitgeber Holzwirtschaft: Die Sägemühle am Schillerteich mußte einem hohen Appartementhaus weichen. Lange Zeit hatte sie die Hölzer aus den ausgedehnten Forsten der Grafen von der Schulenburg geschnitten.

Keine Grube mit Goldwaschanlage: Auf dem Klieversberg wurden Kalksteine gebrochen und gebrannt. Heute dient der alte Steinbruch als natürliches Gehege für viele Tiere dieser Landschaft und als Ausflugsziel für Väter mit wißbegierigen Großstadtkindern.

Nachbarschaftshilfe: Als die heimischen Bauarbeiter im Zuge der Kriegsvorbereitungen Hitlers für die Anlage von Grenzbefestigungen, vor allem des Westwalls, aus Wolfsburg abkommandiert wurden, half der italienische Verbündete mit einer stattlichen Anzahl von Arbeitskräften auf den Baustellen in Stadt und Werk aus.

KdF.-Wagen-Stadt erwartet Italiener

Morgen trifft der erste Transport italienischer Arbeiter im Lager ein.

Um die Arbeiten am Volkswagenwerk und an der Stadt des KdF.-Wagens so zu fördern, wie es Reichsorganisationsleiter Dr. Ley wünscht, werden in den kommenden Monaten auch italienische Arbeiter bei den Bauarbeiten eingesetzt. Rund 6000 Italiener treten heute und die kommenden Tage in Sonderzügen von je 800 Mann die Reise nach Deutschland an. Ein Teil von ihnen wird beim Aufbau der Stadt des KdF.-Wagens bei Fallersleben Beschäftigung finden, während der andere Teil bei Bauarbeiten für die Reichswerke „Hermann Göring" bei Salzgitter angesetzt wird.

Der erste Transport italienischer Arbeiter wird morgen, Sonnabend vormittag, im Gemeinschaftslager der Stadt des KdF.-Wagens eintreffen, das sich schon zum Empfang der Gäste aus dem befreundeten Italien gerüstet hat. So sieht man zum Beispiel an den Baracken neben den deutschen Bezeichnungen Schilder mit italienischen Aufschriften. Sie verraten den Italienern in ihrer Heimatsprache, wo sie das Postamt, den Lagerführer, den Arzt oder sonstige Büros finden können. Zum Empfang der Schaffenden aus Italien wird sich auch die HJ-Kapelle des Bannes 380 aus Gifhorn einfinden.

Die Vermittlung der italienischen Arbeiter wurde durch die Deutsche Arbeitsfront und die faschistische Industriearbeiter-Konföderation bewerkstelligt. Wie man hört, stammen die italienischen Arbeitskameraden aus Oberitalien, vorwiegend aus den Bezirken um Bologna, Undine und Bergamo. Auch Sonntag und Montag werden noch Transporte im Gemeinschaftslager eintreffen.

So bewährt sich auch im Wirtschaftskampf die Freundschaft zwischen dem faschistischen Italien und dem nationalsozialistischen Deutschland. Unsere Bauern und Landwirte wissen, welche unschätzbaren Dienste die italienischen Landarbeiter ihnen bei den Erntearbeiten geleistet haben. Nun werden die italienischen Bauarbeiter auch in der Industrie dazu beitragen, den Mangel an Arbeitskräften zu beheben.

aus ihren Wohngemeinden nach Wolfsburg um und stärkten mit den Bewohnern der eingegliederten Nachbarorte den Anteil der alteingesessenen Bevölkerung, die seit Jahrhunderten in diesem Raum lebte.

Die ersten Bürger wurden zugewiesen

Zunächst aber wuchs die Stadt durch Zuzug von draußen. Zuweisung wäre richtiger, da im Dritten Reich die Arbeitsämter die Arbeitsplatzwahl reglementierten. Vollbeschäftigung mit Arbeitermangel als Folge der hochtourigen Rüstungsproduktion hatte jahrelange Rekordarbeitslosigkeit abgelöst. Bevorzugt stellten die Ämter für das Bauprojekt unbequeme Arbeiter ab, die sich politisch links betätigt hatten und das NS-Regime innerlich zutiefst ablehnten.
Sie trafen in Wolfsburg auf gläubige Parteigenossen, die mitwirken wollten am großen Aufbauwerk ihres „Führers". Als aber ihre Zahl nicht reichte, weil Hitler sie für die Vorbereitung und den Beginn seiner Feldzüge zu neuen Aufgaben rief, schickte Mussolini, der Duce des verbündeten Italiens, seine Bauarbeiter nach Norddeutschland in die Barackenstadt.
Sie wurden nach Kriegsbeginn mehr und mehr in ihre südliche Heimat zurückgezogen und machten Platz für Kriegsgefangene und Zwangsarbeiter aus Polen und später der Sowjetunion, aus Holland, Belgien und Frankreich. Auch das Konzentrationslager Neuengamme bei Hamburg hatte Arbeitskräfte in die Rüstungsfabrik am Mittellandkanal abgeordnet, die mehrfach von alliierten Bombern angegriffen und schwer zerstört wurde. Es war der dunkelste Abschnitt in der Stadtgeschichte. Die Akten der Friedhofsverwaltung haben das Leiden beurkundet, die Gräber auf dem Ausländerfriedhof zeugen davon und mahnen alle Generationen der Bevölkerung.

Landser und Flüchtlinge

Als dann 1945 kriegsgefangene deutsche Soldaten die Lager füllten, galt es in den Camps der englischen und amerikanischen Besatzer als Geheimtip, Wolfsburg als Wohnort, das Volkswagenwerk als Arbeitsstätte anzugeben. Wer das tat, wurde früh entlassen. Ungezählte deutsche Landser hatten damit Erfolg und „besetzten" nun die Baracken einer Stadt, von der die wenigsten vorher gehört hatten.
Um so besser kannten sie den Volkswagen. „Kraft durch Freude" hatte er ihnen bei ihren kriegerischen „Ausflügen" zu den europäischen Nachbarn nicht bereitet. Statt dessen hatten sie in seinen militärischen Versionen, dem Kübelwagen und dem vielseitigen Schwimmwagen, seine Zuverlässigkeit kennengelernt, in der sonnendurchglühten Sandwüste Nordafrikas ebenso wie zwischen Schneewehen und Eisbarrieren während der frostklirrenden russischen Kriegswinter.
Die Heimkehrer trafen hier auf die Landsleute aus Ost- und Westpreußen, aus Pommern und Schlesien, aus Danzig und den Sudeten, Siebenbürgen und dem Banat. Die waren vor der Sowjetarmee geflohen und in einem nicht endenden grauen Strom des Elends mit ihren letzten Habseligkeiten bis Wolfsburg gelangt. Hunderttausende ihrer Schicksalsgefährten waren während ihrer Flucht umgekommen: von Tieffliegern zusammengeschossen, von Panzern überrollt, an Entbehrungen und Strapazen, vor Hunger und Kälte gestorben.
Viele Flüchtlingstrecks wurden weitergeleitet, tiefer in die Heide, nach Nord- und Ostfriesland, ins Emsland. Hunderte dieser Familien kamen dann über diese Zwischenstationen im Zuge eines staatlichen Programms der Inneren Umsiedlung später nach Wolfsburg. Fast alle fanden hier mehr als Arbeit und Wohnung – eine Heimat.

Zwangsarbeit: »Fremdarbeiter« hießen harmlos offiziell die aus ihrer von deutschen Truppen besetzten Heimat deportierten Männer und Frauen. Sie leisteten in Wolfsburg Zwangsarbeit. Viele starben an Erschöpfung und Krankheit. Auf dem Ausländerfriedhof neben dem Waldfriedhof erinnert der Sowjetstern auf dem Mahnmal daran, daß unter den Opfern besonders viele Bürger der UdSSR waren.

Übergang: Die Menschen hatten Hunger. Kriegselend und Flüchtlingsnot waren noch nicht beseitigt. Glücklich, wer ein paar Ziegen und Schafe im Unkraut zwischen der im Aufbau steckengebliebenen Stadt (hier an der Friedrich-Ebert-Straße) weiden konnte. Doch im Werk liefen bereits wieder Käfer vom Band.

Mit Mut und Tatkraft

Wer heute angesichts der fertigen Großstadt wissen will, wie dieses „Städtewunder" möglich war, muß das Schicksal der Menschen kennen, die diese Stadt ausmachen und sie mit ihrem Leben erfüllen. Dank ihrer Härte und Ausdauer, auch mit Glück, hatten sie Vernichtung und Zerstörung, den größten Weltkrieg, überlebt. Zu diesem stark ausgeprägten Lebenswillen kamen nun Hoffnung, Mut und Tatkraft. Damit schufen sie sich in Wolfsburg eine neue Heimat, nachdem sie in der alten alles zurückgelassen und verloren hatten.

Aus dieser Kraft heraus begann die Stadt zu leben und zu blühen. Ein Ausspruch, den Heinrich Nordhoff später für das kräftig wachsende Volkswagenwerk tat, trifft auch für die Volkswagenstadt zu: „Mit Wundern hat das nichts zu tun, sondern nur mit harter Arbeit!"

Mit ihnen – auch noch viele Jahre später – kamen aus Mecklenburg und der Mark, aus Sachsen und Thüringen, aus allen Teilen Mitteldeutschlands politische Flüchtlinge. So viele Landschaften und Stämme ein früheres, größeres Deutschland vorzuzeigen gehabt hatte, so viele Landsmannschaften hatten sich in Wolfsburg in Vereinen organisiert.

In den letzten Jahren sind es nun Spätaussiedler aus dem Osten, bis in die Tiefen Sibiriens hinein, denen die junge Stadt Heimat bieten will. Wie vordem nur in den Einwanderergebieten Nord- und Südamerikas, Australiens war in Wolfsburg Integrationsfähigkeit gefordert. Das ist keine öffentliche Einrichtung: Es ist die Herausforderung an jeden Bürger zum Verstehen und zur Toleranz, den Neuen aufzunehmen und nicht nur hinzunehmen, den Fremden zum Nachbarn zu machen, des Anderen Eigenart zu achten und sich mit ihm auszutauschen.

Kinder damals: In der kleinen Welt ihres Dorfes waren sie nicht weniger glücklich als die Kinder heute mit ihren Computerspielen und TV-Ausflügen ins Weltall. Zu den harmlosen Freuden gehörte das Lampionfest, zu dem sich hier die Heßlinger Dorfjugend versammelt.

Knochenarbeit: Jeder Schweißpunkt mußte exakt an seiner Stelle sitzen und sauber ausgeführt sein, um den Rahmen, der das Fahrwerk und die Karosserie des VW-Käfers trug, robust und verwindungssteif zu machen. Die stählernen Schweißzangen hatten Gewicht, ihre dick gebündelten Zuleitungen und Kabel waren wenig elastisch und erschwerten die Handhabung. So sah es 1953 aus. Heute verrichten Schweißautomaten diese einst schweißtreibende Männerarbeit.

Miteinander leben: Das ist oft schwer in einer Stadt, in der so viele deutsche und europäische Landsmannschaften wohnen und arbeiten. Miteinander feiern ist da leichter. Immer wieder gibt es dafür Anlässe (hier bei der Eröffnung der Fußgängerzone), Gelegenheiten für eine landsmannschaftliche Selbstdarstellung mit Volkstänzen und Heimatbräuchen, Hoffnung auf Verständnis und Anerkennung eigener Art bei den Mitbürgern.

Italiener und Tunesier

In der jungen Stadt, in der zunächst jeder ein „Zugereister" war, ging das. Ihre Gesellschaft bildete sich erst und zeigte noch keine Verkrustungen. Auch gab es in jener Zeit keinen Mangel an Arbeits- und Ausbildungsplätzen. Im Gegenteil: Die Vollbeschäftigung und der leere Arbeitskräftemarkt holten ein zweites Mal italienische, später auch tunesische Arbeiter nach Wolfsburg. Anders als bei den ausländischen Mitarbeitern, auch aus anderen Nationen, die einzeln und aus eigener Initiative gekommen waren, hatte das Volkswagenwerk die Nordafrikaner und den größten Teil der Italiener in Sonderaktionen vor Ort angeworben.

Sie wohnten als Ledige oder Ledig-gehende an der Berliner Brücke und in Kästorf unmittelbar vor den Werkseingängen, abseits der Stadtmitte, in eigens für sie gebauten Gemeinschaftsunterkünften. Das erschwerte eine „Einbürgerung" in die übrige Bevölkerung, die dem einzeln zwischen deutschen Nachbarn wohnenden Ausländer durchaus gelang.

Aus der Sicht dieser „Gastarbeiter", wie sie bezeichnend eingestuft wurden, stellte sich auch die Frage, ob sie überhaupt im kühlen Norddeutschland für immer bleiben oder in absehbarer Zeit mit dem reichlich verdienten Geld in ihre Heimat zurückkehren wollten. Nun, wer die Namen auf einer beliebig aufgeschlagenen Seite des Wolfsburger Telefonbuches liest, ist überrascht, wie viele in der Volkswagenstadt ein Zuhause gefunden haben. Häufig haben sie ihre Familien nachgeholt oder – auch mit deutschen Frauen – neue Familien gegründet. Rund zehn Prozent der Bevölkerung sind ausländischer Nationalität. Sie kommen aus mehr als achtzig Staaten. Achttausend Italiener und eintausend Tunesier sind die stärksten Gruppen.

Mehr als ein Zuhause möchte Wolfsburg auch den Umsiedlern aus Ost- und Südosteuropa und aus den Weiten der Sowjetunion eine neue Heimat sein, wie sie die Stadt vordem vielen Vertriebenen und Flüchtlingen geworden ist. Angesichts der Situation auf dem Arbeitsmarkt und im Ausbildungsbereich ist das schwierig geworden. Einfühlung und Tatkraft sind gefordert. Das gilt besonders gegenüber den Jugendlichen, die sich plötzlich zwischen zwei Welten sehen, unter Menschen, deren Sprache sie kaum verstehen und sprechen. So halten sie sich an ihre Schicksalsgefährten und verharren in einer selbstgewählten Isolation. Sie da herauszulösen und voll aufzunehmen, ist ein Auftrag an die gesamte Bevölkerung.

Italiener-Dorf: So nannten die Wolfsburger die zweigeschossigen Holzhäuser an der Berliner Brücke, nur etwas mehr als hundert Meter vom Werkseingang Ost entfernt, in denen Tausende von italienischen Arbeitern (ohne Familie) in den sechziger Jahren Unterkunft erhielten. Es gab Küchen, Kantinen, Freizeiteinrichtungen – am Sonntag spielte der FC Lupo Fußball gegen gleichrangige niedersächsische Vereine.

Urlaub 1939: Italienische Bauarbeiter fahren in die Heimat, wenig Gepäck, kaum Frauen.

Urlaub 1981: Italienische VW-Arbeiter fahren während der Werksferien zu den Verwandten daheim. Die Männer sind nicht mehr allein, Frauen und Kinder fahren mit. Auf dem Wolfsburger Bahnsteig stapeln sich Taschen, Koffer, und Geschenkkartons.

Don Camillo und Peppone: Nicht die Gesinnung der beiden italienischen Roman- und Filmfiguren (die erste: katholischer Priester, die andere: kommunistischer Bürgermeister) sondern ihre unterschiedliche Körperlänge wird vermutlich Anlaß gewesen sein, die beiden Hochhäuser in Detmerode nach ihnen zu benennen. Sie sollen städtebauliche Akzente setzen in diesem Stadtviertel, dessen Bild abseits der Hauptverkehrsstraße von flachen Eigenheimen bestimmt wird.

Vieles hat sich geändert

Die Zeiten der Eingliederung gewachsener Städte und Gemeinden mit ihren Bewohnern, die Jahrzehnte starken Zuzugs deutscher und ausländischer Staatsbürger sind vorbei; Abwanderung überwiegt. Die Bevölkerung muß nunmehr aus ihrem Bestand wachsen. Vorüber sind auch die Jahre, als Besucher zwischen den Häusern der kinderreichen Stadt mehr Kinderwagen als Volkswagen zu sehen meinten, als das Durchschnittalter der Bevölkerung bei 28 Jahren (1958) lag.

Die Alterspyramide hat sich verändert. Die Einrichtung von Altenheimen und -tagesstätten löste den Bau von Schulen und Kindergärten ab. Der Geburtenüberschuß, der 1963 bis 1966 über tausend betrug, ist auf 93 im Jahre 1982 geschrumpft; die Zahl der Sterbefälle erhöhte sich von 500 auf 1210 Einwohner. Die Gründer, die nach Wolfsburg kamen, sind Großeltern geworden. Ihre lange Zeit im Wohlstand heranwachsenden Enkel in ihrer Geburtsstadt zu halten, stellt Wolfsburg vor eine neue Herausforderung.

Das allgemein anzutreffende Unbehagen an der »Unwirtlichkeit großer Städte« kann auf Wolfsburg nur zu einem kleinen Teil zutreffen. Wohl fallen Hochhäuser und dichte Bebauung sofort ins Auge – die Eigenheime, einzeln stehend, aufgereiht oder schachbrettartige gestaffelt, werden dabei leicht übersehen, und die schmucken Siedlungen der einzelnen Ortsteile verlieren sich in der weiten Stadtlandschaft. Viele Wolfsburger nennen ein Haus oder eine Wohnung ihr eigen. Die Statistik weist in Wolfsburg rund 39000 Mietwohnungen und rund 14000 Eigenheime und Eigentumswohnungen nach.

Das Unbehagen

Ortsfremde sind überrascht über die Empfindungen des Unbehagens an der Stadt: Nicht wenige Wolfsburger äußern sie im privaten Gespräch und öffentlich in den Medien, nachdem sie noch bis vor wenigen Jahren ihre auswärtigen Gäste offensichtlich mit Lokalstolz durch »ihre Stadt« führten. Und der Betrachter fragt nach den Ursachen und der Berechtigung.

Sicherlich, manches von dem, was mit Fleiß geschaffen und erreicht wurde, mag heute fragwürdig erscheinen. Doch das gilt für die gesamte Bundesrepublik und über ihre Grenzen hinaus. Auch erscheint, vor allem vielen jungen Leuten, der Blick in die wirtschaftliche und politische Zukunft dunkler geworden – jedoch nicht nur von Wolfsburg aus. Die von der Solidargemeinschaft getragene und vom Wohlfahrtsstaat garantierte Absicherung gegen fast alle Risiken im Leben hat abhängiger und ängstlich gemacht.

Es fällt nicht schwer, das Unbehagen nachzuempfinden, das die schicksalhafte Abhängigkeit Wolfsburgs von einem einzigen Unternehmen und einem Produkt, dem Auto, auslöst. Das tägliche Miterleben, wie namhafte Unternehmen anderer Industrien in diesen Jahren ohne die notwendigen strukturellen Veränderungen zusammenbrechen, beunruhigt die Wolfsburger, obwohl die deutschen Autohersteller sich trotz scharfer Konkurrenz und mannigfacher Behinderungen gut behaupten.

Eigener Herd: Wer um sein Haus herumgehen und nicht (obwohl oft kostengünstiger) mit mehreren Nachbarn in einer Reihe siedeln möchte, wer eine große Familie und Arbeitskameraden am Wochenende als Helfer auf dem Eigenbau hat, findet in den Ortsteilen leichter einen Bauplatz als in Citynähe.

Lebenslänglich: Wer Atmosphäre schätzt und Aberglauben leugnet, wählt in Wolfsburg die würdige, alte Gerichtslaube im Schloß für den standesamtlichen Akt der Eheschließung und denkt nicht an das Urteil »Lebenslänglich«, das Richter hier in früheren Jahrhunderten fällten. Die meisten Wolfsburger bevorzugen jedoch das Standesamt im Rathaus.

Ist es die Wechselschicht in der Autoproduktion?

Von den rund 60 000 Mitarbeitern (einschließlich der Auszubildenden) des Volkswagenwerkes Wolfsburg arbeiten rund 30 000 in Wechselschicht: jeweils 15 000 früh von 5.30 bis 14 Uhr und 15 000 spät von 14 bis 22.30 Uhr; nach einer Woche wechseln die Belegschaften der Früh- und Spätschicht. Je 1000 Werksangehörige pro Schicht kennen außer Früh- und Spät- auch noch eine Nachtschicht.

Die Belastungen im Bereich Familie und Freizeit wird keiner verkennen. Die Spätschicht hält den Arbeiter von den Veranstaltungen des Theaters, der Stadthalle oder der Volkshochschule fern. Die Frühschicht läßt ihn den Feierabend abkürzen, weil er am Morgen ausgeruht an seine Maschine gehen will.

Mehr als mittlere Betriebe brauchen Großunternehmen verschiedene Führungsebenen. Schnell erstarren sie zu Hierarchien. Wo Stadt und Werk so eng verflochten sind, Vorgesetzte und Mitarbeiter sich auch in der Freizeit begegnen und oft Nachbarn sind, werden solche Strukturen oft auch in den privaten Bereich übernommen.

In Wolfsburg gibt es kein behagliches Eintauchen in die Anonymität, ohne gelegentlich mit dem Auto hinauszufahren in die weitere Region.
Die (oft gar nicht vorhandene) größere Tüchtigkeit gegenüber dem Arbeitskollegen von nebenan läßt sich offenbar nur beweisen, indem sich jeder im Lebensstandard zu überbieten sucht. Das ist überall so, wird aber in Wolfsburg deutlicher registriert. Häufig arbeiten weitere Familienangehörige mit, um das Erreichte zu halten und zu mehren. In vielen Wolfsburger Familien sind zwei oder mehrere Angehörige im Volkswagenwerk beschäftigt.

Schichtwechsel: Ein Werktag im Winter, es ist kurz nach 14 Uhr. Die in dieser Woche in der Frühschicht beschäftigten Männer und Frauen haben ihren Arbeitsplatz den Kollegen und Kolleginnen der Spätschicht überlassen. Nun strömen sie hinaus zu den Tunnels, den Parkplätzen, den Bushaltestellen. Die breiten Fußwege reichen nicht, der plötzliche Menschenschwall schwappt über auf die Fahrbahn. In der Stadt stop and go, auf den Ausfallstraßen Pkw-Kolonnen ohne Lücke, zumeist drei, vier Fahrzeuginsassen: eine Fahrgemeinschaft. Der ortskundige Autofahrer meidet die Zeit des Schichtwechsels; in einer halben Stunde schon ist alles wieder vorbei, der Verkehr fließt.
Es gab auch andere Zeiten, da blieben die Straßen leer, standen Maschinen und Fertigungsbänder still, und die Volkswagen, die das Werk verließen, kamen von den weiten Abstellflächen, auf denen sie Stoßfänger an Stoßfänger auf Käufer gewartet hatten. Wirtschaftsrezession, Ölkrise, Kurzarbeit, »Feierschichten«, die in der Autostadt niemand zum Anlaß für eine Feier nimmt. Da sind Sonderschichten ein besserer Grund.

Meister: Er ist wer! Die Älteren haben als Bandarbeiter einmal angefangen, auch wenn sie vordem Bäcker oder Friseur, vielleicht Meister in ihrem Fach gewesen waren. Die Jüngeren kommen aus dem Haus, hatten das Glück, im Volkswagenwerk einen Ausbildungsplatz zu bekommen, und haben wie die Alten gearbeitet und gelernt, gelernt und gearbeitet, bis sie sich eines Tages fit für die Meisterprüfung fühlten und sie bestanden. In der Fabrik stehen sie an vorderster Front. In ihrem Bereich kennen sie jeden Handgriff, jedes Werkzeug, jede Maschine. Sie müssen dafür sorgen, daß der Betrieb läuft, auch wenn plötzlich Mensch oder Maschine ausfallen – und sie halten den Kopf hin, wenn es mal irgendwo hakt oder daneben geht. Sie müssen robust und belastungsfähig sein und auch sensibel, um die ihnen anvertrauten Mitarbeiter als Einzelpersönlichkeiten anzunehmen, einzusetzen und zu führen.
»Wertvoll an einem Unternehmen sind nur die Menschen, die dafür arbeiten, und der Geist in dem sie es tun«, hatte Heinrich Nordhoff einst in einem Vortrag den Führungsleuten der Wirtschaft gesagt, die den Wert ihrer neuen Maschinen höher schätzten.

Frauenarbeit: In nicht wenigen Wolfsburger Familien arbeiten auch die Frauen im Volkswagenwerk. Neben der Verwaltung, den Wirtschafts- und Versorgungsbetrieben sind stets Kabelfertigung, Polsterei, Ausstattungsbänder, Inspektion für Frauenarbeit geeignete Fertigungsbereiche gewesen.

Die Wünsche sind abgehakt

Am Ende finden die Wolfsburger und ihre kritischen Beobachter die allgemeine Erfahrung bestätigt, daß Unbehagen vornehmlich im Konflikt zwischen widerstrebenden Zielen und Wünschen gedeiht. Als die Menschen aus ihren Städten und Dörfern nach Wolfsburg aufbrachen, als sie den kleinen Hof aufgaben, die Maurerkelle oder den Hobel aus der Hand legten, für immer die Bäckerschürze abbanden und den Friseurkittel auszogen, um als »Angelernte« an den Montagebändern der Autofabrik zu arbeiten, werteten sie ihre Ziele höher als den Preis der Nachteile. In Wolfsburg konnten sich viele ihre Wünsche – und immer neue dazu – nicht leicht, aber schnell erfüllen. Nun sehen sie nur noch die Nachteile. Die ganz persönlichen Ziele von gestern sind erreicht, auf dem Wunschzettel abgehakt. Die hohen Ansprüche an ihre Stadt hat Wolfsburg großzügig und fast ohne Lücke erfüllt.

Es wundert nicht, daß die »Väter der Stadt«, die Mitglieder des Rates und der Verwaltung, ihren Einsatz und ihren guten Willen schlecht gelohnt sehen und enttäuscht sind, wenn alle Verbesserungen der Lebensqualität mit Unbehagen und Ablehnung beantwortet werden. Resignation liegt nahe, wenn einmal sparsame Haushaltsführung der Anspruchshaltung nicht mehr genügen kann.

Dabei können die Bürger und ihre gewählten Vertreter im Stadtparlament stolz auf die Gemeinschaftsleistung sein, mit der sie in einem knappen halben Jahrhundert ihre Stadt aufbauten und mit Leben erfüllten.

Die Menschen kamen von überall her. Wolfsburg mag als Beispiel gelten für die vermutlich größte Leistung der Bundesrepublik: die Aufnahme und Eingliederung von Millionen deutscher Landsleute, die seit dem Zweiten Weltkrieg ihre Heimat verlassen mußten.

Individuelle Entfaltung statt organisierter Gestaltung

Stadtleben

Einer Stadt kann, wie die Geschichte Wolfsburgs zeigt, die Gründung »verordnet« werden, nicht aber ihre Lebendigkeit. Das Leben des Individuums wie der Gemeinschaft muß sich frei entfalten können, muß Raum haben für Originalität, Ideen, Talente, Selbstverwirklichung, wenn es nicht zur bloßen Schau erstarren sondern sich erfüllen will. Das gilt für beide Lebensbereiche: die Stunden der Arbeit und die freie Zeit der Muße. Je mehr Maschinen, Automaten und ausgeklügelte Leistungsprogramme individuelle Arbeitsgestaltung und berufliche Entfaltung einengen, desto größer wird die Bedeutung selbstbestimmter Freizeitinhalte.

Wer vermag sich vorzustellen, was aus der »Stadt des KdF-Wagens« geworden wäre, wenn sich der Alltag in ihr an nationalsozialistischer Lebens- und Weltanschauung hätte ausrichten müssen? Neben einer Arbeitswoche von mindestens 48 Stunden hatten die NSDAP-Mitglieder »Dienst« in ihrer Partei. Alle anderen, jung oder alt, Mann oder Frau, waren verpflichtet zur Mitarbeit in einer oder mehreren der NS-Unterorganisationen, die es für jeden und alles gab. Aktive Mitwirkung war verlangt bei Aktionen und Sammlungen, Teilnahme bei Versammlungen, Kundgebungen, Aufmärschen und Sondereinsätzen. Die Männer mußten dazu eine Uniform anziehen, die Frauen eine weitgehend einheitliche Kleidung tragen. Für wirkliche Freizeit wäre wenig freie Zeit geblieben. Und auch sie sollte programmiert werden.

Backfisch im Brunnen: Auch wenn es die Fußgängerzone mit ihren Wasserspielen schon gegeben hätte, dieses Bild von einem hochsommerlichen Werktag (1982) wäre in der Stadt des KdF-Wagens unvorstellbar gewesen. Die kesse Wolfsburger Nixe hätte »Dienst« im BDM-Werk »Glaube und Schönheit« gehabt oder in der Nähstube der NS-Frauenschaft »ausbesserungsbedürftige Gegenstände für die Soldaten der Ostfront fertiggestellt«. Vielleicht hätte sie aber auch schon in den nächsten »Kursus der Gaubräuteschule« gemußt.

Weihnachtsbaum und Hakenkreuz: Die Fahnen der NSDAP, des faschistischen Italiens und der Deutschen Arbeits-Front (Hakenkreuz im Zahnradkranz) bilden den Hintergrund für die Tannenbäume. Die Cianetti-Halle bereitet sich auf die Weihnachtsfeiern des Gemeinschaftslagers Volkswagenwerk vor.

Kulturzentrum Cianetti-Halle

Dafür gab es in der NSDAP eine Massenorganisation mit Spezialisten: »Kraft durch Freude«. Sie organisierte alles, vom propagandistischen Lichtbildervortrag bis zur Madeira- oder Nordland-Traumreise mit weißen Kreuzfahrtschiffen. Über KdF konnten deutsche Volksgenossen ihren Volkswagen ansparen, und KdF sollte den Sparern den bezahlten Wagen an ihrem Wohnort ausliefern.

Im Wolfsburg der Kriegsjahre war eine geräumige, aus Holz gebaute Halle Zentrum organisierter Freizeit. Sie war nach dem Präsidenten des faschistischen Industriearbeiter-Verbandes, Cianetti, benannt, der seine italienischen Landsleute nach Wolfsburg in Arbeit und Brot geschickt hatte. Die riesige Halle diente auch politischen Propaganda-Veranstaltungen, vor allem aber volkstümlichen »Bunten Abenden«, Konzerten, Theater- und Varieté-Aufführungen sowie sportlichen Wettbewerben.

Das Wolfsburger Lokalblatt schrieb zur Eröffnung im Winter 1938/39: »Die Halle der 5000 im Gemeinschaftslager des Volkswagenwerkes, auch »Haus der frohen Stunden« genannt, weil in ihr den Schaffenden »Kraft-durch-Freude«-Veranstaltungen geboten werden sollen, wurde von Reichsorganisationsleiter Dr. Ley eingeweiht und ihrer Bestimmung übergeben. Daß die Feierhalle »Cianetti-Kraft-durch-Freude-Halle« getauft wurde, ist nicht nur eine hohe Ehrung für den italienischen Gast, sondern zugleich eine Bekräftigung der engen Herzensbande, die Deutschlands und Italiens Schaffende miteinander verbinden«. Ende des Zitats.

Abgebrannt: Die nach dem italienischen Arbeiterführer Tullio Cianetti benannte hölzerne Mehrzweckhalle nahm bei den Bombenangriffen keinen Schaden, ging aber nach Kriegsende in Flammen auf.

Alltag in der Stadt des KdF-Wagens zu Beginn des Kriegsjahres 1942.

»Fröhlicher Feierabend«: Aus dem Programm für Juni 1939 in der Tullio-Cianetti-Halle.

Aus der Stadt des KdF.-Wagens

Frauen, kommt zur Nähstube!

Am heutigen Donnerstag werden ab 15 Uhr in der Nähstube der NS.-Frauenschaft in der Cianetti-Halle (Bühnenraum) die durch die Blockfrauen gesammelten unfertigen oder ausbesserungsbedürftigen Gegenstände für die Soldaten der Ostfront fertiggestellt. Alle Frauen werden gebraucht. Keine darf zurückstehen, wenn es gilt, unseren tapferen Soldaten einen Teil unserer Dankesschuld abzutragen. Etwas Nähgarn und Stopfmaterial sowie Schere und Nadeln sind mitzubringen.

Wichtig für die Blockleiter

Die von den Blockleitern in der Zeit vom 5. bis 10. Januar in ihren Blocks gesammelten Pelz-, Woll- und warmen Wintersachen für die Soldaten der Ostfront müssen zellenweise gebündelt am Sonnabend, 10. Januar, in der Zeit von 14 [illegible] 18 Uhr [illegible] haus, Weddigenstra[illegible] iesem [illegible]

Veranstaltungen der DAF.

Die für Freitag, den 16. Januar, vorgesehene Tagung des deutschen Handels fällt aus. Am Montag, dem 19. Januar, ist um 20 Uhr im Ledigenheim Steimker Berg eine Tagung des Deutschen Handwerks. Am Freitag, dem 23. Januar ist um 20.30 Uhr im Männer-Ledigenheim Steimker Berg eine Tagung der Haupt- und Stellenleiter einschl. der KdF.-Warte. Am Freitag, dem 30. Januar, ist um 20.30 Uhr im Männer-Ledigenheim Steimker Berg eine Besprechung aller Betriebsobmänner, Zellen- und Blockobmänner, DAF.-Walter und KdF.-Warte.

Hitler-Jugend Volkswagenstadt

An den Reichssportwettkämpfen der HJ. nehmen sämtliche Formationen ausnahmslos teil. Für das Jungvolk und die Jungmädel beginnen die Kämpfe am Sonnabend. Die genauen Zeiten sind durch die einzelnen Formationen festgesetzt. Für die Hitler-Jugend am Sonntag, 31. Mai, um 9 Uhr auf dem Sportplatz des Volkswagenwerks. Die Pflicht-HJ. hat an diesem Wettkampf auch ohne Ausnahme teilzunehmen. Der Hitler-Jugend-Standortführer.

Nächste Veranstaltung des Vortragsrings

Der Vortragsring der NS.-Gemeinschaft „Kraft durch Freude" beginnt das neue Jahr mit einer Veranstaltung am Mittwoch, 7. Januar 1942, 20 Uhr, im Männer-Ledigenheim Stadtmitte. Als Redner wurde der Reiseschriftsteller K e m p f gewonnen, der einen interessanten Lichtbildvortrag hält.

PARTEIAMTLICHES

BDM. und BDM.-Werk Volkswagenstadt

Die Mädelgruppen 26, 27 und 28 und das BDM.-Werk „Glaube und Schönheit" haben am Mittwoch, dem 15. April, um 18.30 Uhr, an der Cianetti-Halle Dienst.

Die Ringführerin.

JM.-Gruppe 27/380, Schar 1

Wir treten alle am Mittwoch, dem 15. April, um 15 Uhr, an der Volksschule II, Ludendorffstraße, an. Liederbücher sind mitzubringen.

Die Scharführerin.

Gemeinschaftslager Volkswagenwerk

gemeinsam mit der NSG. „Kraft durch Freude"

VERANSTALTUNGEN

in der Tullio Cianetti-Halle

Monat Juni 1939 (I. Teil)

Donnerstag, den 1.6.39	Ausgleichssport Übungsstunde des Lagerorchesters	2o Uhr
Freitag, den 2.6 39	Tonfilm: "Dahinten in der Heide" Kulturfilm und Wochenschau	2o Uhr
Sonnabend, den 3.6 39	Fröhlicher Feierabend mit dem Reichsarbeitsdienst unter Mitwirkung des Gaumusikzuges des Arbeitsgaues 18	2o Uhr
Sonntag, den 4.6.39	Italienische Auswahlmannschaft des Gemeinschaftslagers Volkswagenwerk spielt gegen die Mannschaft des Berliner Fascio - Einsatz von Sonderzügen nach Berlin	
Montag, den 5.6.39	Geräteturnen und Ausgleichssport im Freien - Lagerorchester spielt fröhliche Weisen	2o Uhr
Dienstag, den 6.6.39	Tonfilm: "Heimat" Kulturfilm und Wochenschau	2o Uhr
Donnerstag, den 8.6.39	Leichtathletik im Freien	2o Uhr
Freitag, den 9.6.39	Konzert des Lagerorchesters	2o Uhr
Sonnabend, den lo.6.39	Operettenabend der Niedersächsischen Landesbühne "Der Vogelhändler"	2o Uhr

Stadt des KdF-Wagens den 27. Mai 1939.
Ke/Kr.

K r u s e
Sozialleiter
i.A
KdF-Wart

Pause: Sehen und gesehen werden. Lange hatten die Wolfsburger auf ihr Theater gewartet. Nun konnte man nicht nur auftreten lassen, was die Tourneetheater hergaben, jetzt trat man auch selbst auf – festlich gekleidet, dem Alltag in der Industriestadt für einen Abend zu entfliehen.

Theater

In den bitteren Nachkriegsjahren mußten anstatt der Freizeit vorrangig Arbeit, Wohnung und täglich der Lebensunterhalt »organisiert« werden. Erste unterhaltende und kulturelle Veranstaltungen gab es im Kinosaal des Volkswagenwerkes: alte Spielfilme, Varieté, Tourneetheater, Konzerte des Werksorchester, in dem sich ehemalige Militärmusiker trafen. Dann übernahmen die »Stadthallen-Lichtspiele« im damaligen Gebäude der Stadtwerke diese Aufgaben. Für Kino und Varieté sorgte der private Pächter, den ernsteren Musen stellte der eingetragene Verein »Kulturring« die Bühne und den kahlen Saal zur Verfügung.

Immer breiter werdende Leinwände und Stereoton erforderten den Bau neuer Kinos; volle Kassen in der fast fernsehlosen Zeit finanzierten sie. Dem Kulturring mit seinen Konzerten und Theatergastspielen gaben die Kinobesitzer außer an besucherarmen Wochentagen nur ungern die Bühne frei.

Den Schauspielern brachte das Ausweichen auf die neue Schulaula des Ratsgymnasiums keine Verbesserungen, dem treuen Publikum nicht den ersehnten »theaterwürdigen, auch gesellschaftlichen Rahmen«. Abhilfe kam mit der Nutzung der neuen großen Stadthalle für Konzerte. Anspruchsvolles Musiktheater und erinnerungswerte Schauspielinszenierungen aber waren erst möglich, nachdem Wolfsburg den internationalen Gastspieldirektionen mit dem Theaterbau Hans Scharouns am Klieversberg ein schönes Haus mit Atmosphäre und modernster Bühnentechnik anbieten konnte.

In jenen ersten Jahren aber fuhren interessierte Wolfsburger in das zerstörte Braunschweig, nach Hamburg, Berlin und noch weiter, um ihren Nachkriegshunger auf erlebenswerte kulturelle Veranstaltungen zu stillen.

Für jeden Wolfsburger einen Verein

Im übrigen aber gingen die Wolfsburger daran, sich selbst in Vereinen und Clubs zu organisieren: die Vertriebenen und Flüchtlinge nach landsmannschaftlicher Herkunft, die Sportler entsprechend ihren Disziplinen, die freien Berufe, Kaufleute, Handwerker in ihren Standesorganisationen, die Sänger und Musikfreunde in Chören und Orchestern, die Kleingärtner in ihren Laubenkolonien, die Hobbyfreunde usw. in ihren Vereinigungen. Mit ihren ganz persönlichen, privaten Ansprüchen, Neigungen und Talenten trafen sich hier Gleichgesinnnte in einer ihnen noch fremden, unwirtlich erscheinenden Stadt. Wie in kleinen Zellen eines lebenden Organismus entstand und wuchs hier das Gefühl der Zusammengehörigkeit, der Bürgergemeinschaft, die in freier Entfaltung eine Stadt lebendig macht und erhält.

Traditionspflege: Auf der Suche nach Altem, Vertrautem in der neuen, fremden Stadt haben sich viele Wolfsburger den lange bestehenden Traditionsvereinen der Schützen, der Sänger und Sportler angeschlossen und pflegen dort Talente und Gemeinschaftsgeist. Die Gesichter der Schützen drücken es aus: Unbehagen an der Stadt ist ihnen fremd.

Aufstellung zum Umzug: Sänger, Turner und Schützen gab es bereits vor der Stadtgründung in allen größeren Orten. In ihren Vereinen trafen sich die Bewohner zu edlem Wettstreit, vor allem aber wohl zu geselligem Zusammensein. Die Schützen Heßlingens schossen einmal im Jahr die Königsscheibe aus und feierten ihren Besten mit einem Fest und einem Umzug.

Parteien und Gewerkschaften

Beim demokratischen Aufbau einer neuen Gesellschaft nach den Jahren staatlich-autoritärer Reglementierung kommt zwei Vereinigungen herausragende Bedeutung zu: Die politisch aktiven Kräfte konnten sich wieder in Parteien zusammenfinden und sich offen bekennen. Und die Arbeiter und Angestellten organisierten sich wieder in freien Gewerkschaften. Gemeinsam begannen sie, die Arbeiterstadt auch politisch mit Leben zu erfüllen und die Zukunft von Staat, Gesellschaft und Wirtschaft mitzugestalten.

Das brauchte seine Zeit. Wer die Verfolgung politisch Andersdenkender im Dritten Reich und jetzt nach 1945 Entnazifizierung und »Umerziehung« erlebte, wahrte lange Abstand zu den Parteien, engagierte sich als Vertriebener politisch vielleicht in den Interessenvertretungen der Flüchtlinge; Unsicherheit und Mißtrauen bestimmten das Verhalten der meisten Wolfsburger. Da ging es den Gewerkschaften besser. Neben der Gewerkschaft für die Angestellten (DAG) hatten sich die Arbeitnehmer entsprechend ihrer Industriezweige organisiert – die Autoarbeiter in der Industriegewerkschaft (IG) Metall – und ihre Einzelgewerkschaften machtvoll zum Deutschen Gewerkschaftsbund (DGB) vereinigt.

Mäzenatentum oder Sozialleistung?

Die Aufgaben eines Mäzens – gegenüber Künstlern und der Bevölkerung – übernahm das Volkswagenwerk. Die kulturelle Förderung der Stadt, deren erwerbsfähige Einwohner zu zwei Drittel Arbeitnehmer des Automobilunternehmens und zum anderen Teil indirekt wirtschaftlich von ihm abhängig waren, mochten die zustimmenden VW-Aufsichtsräte und die ausführenden VW-Sachbearbeiter als eine notwendige, aber freiwillige Sozialleistung ansehen. Dem damaligen Generaldirektor bedeutete das kulturelle Engagement mehr.

Empfang: Der Gartensaal des wiederhergestellten Wolfsburger Schlosses eignet sich für kammermusikalische Veranstaltungen, wird aber vorwiegend für Empfänge des Rates der Stadt und des Volkswagenwerkes in Anspruch genommen. In der langen Reihe der Begegnungen und Gespräche hier ein Treffen zwischen (von rechts nach links) Dr. Carl-Horst Hahn und Horst Münzner, Vorsitzender und stellvertretender Vorsitzender des Vorstandes der Volkswagen AG, sowie Oberbürgermeister Rolf Nolting und Oberstadtdirektor Prof. Dr. Peter Lamberg.

Zu allen Zeiten und in allen Städten hat es Mäzene gegeben, die als Fürsten des Staates oder der Kirche, als freie Unternehmer und kluge Kenner Künstler und kulturelle Entwicklung gefördert, Kulturgüter gesammelt und als Erbe ihren Mitbürgern hinterlassen haben. Seit dem vergangenen Jahrhundert haben die Gründerfamilien bedeutender Handelshäuser und namhafter Industrieunternehmen private Vermögen sowie Kunstschätze in Stiftungen umgewandelt und der Öffentlichkeit erschlossen. Stolz stellen die Städte dieses kulturelle »Erbe« zur Schau, nicht ohne Gespür für Öffentlichkeitsarbeit und Verkehrswerbung.

Das alles gab es in Wolfsburg nicht. Seine Situation bis in die 60er Jahre hinein zwang, dem Ausbau der jungen Stadt deutlich den Vorrang zu geben und die kulturelle Entwicklung – mit Ausnahmen des Bereiches Schule und Fortbildung – zunächst zurückzustellen.

Die kulturelle Entwicklung

Heinrich Nordhoff sah und erkannte die Verpflichtung der Wirtschaft – besonders der die Gesellschaft und die natürliche Umwelt so tiefgreifend verändernden Industrie – gegenüber den in ihr Beschäftigten, den Familien und ihren Lebensbereichen. Zur Aufgabe machte er sich und seinen Mitarbeitern, die Wolfsburger mit nachhaltiger Wirkung große Kunst erleben zu lassen, um im Kleinen kulturelle Ansätze zu schaffen und mit fachlicher und finanzieller Unterstützung durch das Volkswagenwerk zu fördern. Vermieden werden sollte in jedem Fall, daß die frühere Reglementierung durch Staat und Partei nunmehr durch Einflußnahme einer Firma und ihrer Manager ebenso verhängnisvoll ersetzt werden würde. Ziel war: aktive Mitgestaltung der kulturellen Entwicklung durch möglichst viele Einwohner, schließlich Pflege der Kunst und Kultur weitgehend aus eigener – auch finanzieller – Kraft in unabhängigen Vereinigungen.

Das Vorhaben gelang. Unvergeßlich für die Wolfsburger sind die Konzerte der Berliner Philharmoniker unter Furtwängler, Celibidache und Karajan, viele Jahre in einer Werkshalle des VW-Motorenversuchs, später in der Stadthalle.

Weit über die Grenzen der Region hinaus wirkten die bedeutenden Ausstellungen, in denen das Automobilunternehmen die Kunst abgeschlossener Epochen deutscher Malerei und den französischen Impressionismus vorstellte oder im einzelnen das Schaffen der Maler Leibl, Marc, Corinth, van Gogh und des Grafikers Dürer. Diese Veranstaltungen, die in dieser Qualität und Größenordnung von der Stadt und ihren Vereinigungen nicht zu finanzieren gewesen wären, gaben dem kulturellen Leben kräftige Impulse. Die Saat ging auf.

Durchblick: Dem Kunstverein Wolfsburg für seine regelmäßigen Ausstellungen, der städtischen Galerie für die ständige Schau des kommunalen Kunstbesitzes stehen im Schloß große, gutbelichtete Räume zur Verfügung. Hier wird die Tradition der umfangreichen VW-Ausstellungen, die einen Rückblick auf Epochen und Meister des vergangenen Jahrhunderts gewährten, in die Gegenwart zeitgenössischer Kunst fortgeführt mit dem Anspruch, Durchblick durch die verwirrende Vielfalt heutiger Richtungen und technischer Ausdrucksformen zwischen stiller Ästhetik und schriller Provokation zu geben.

Kunst – schönster Ausdruck menschlicher Würde

Im Vorwort zur großen Vincent-van-Gogh-Ausstellung des Volkswagenwerkes, der letzten in einer beeindruckenden Reihe, skizzierte Heinrich Nordhoff Ansätze und Ziele seiner für die Stadt Wolfsburg so bedeutenden Initiative:

»Als vor Jahren noch nahezu alle Kräfte für den materiellen Wiederaufbau angespannt waren, hat das Volkswagenwerk begonnen, Kunstausstellungen zu veranstalten. In der Welt der Technik, in der wir leben und arbeiten, sind wir der Gefahr ausgesetzt, die Wichtigkeit der nicht meßbaren Größen gering zu achten. Um so mehr ist das Erlebnis der Kunst und ihr Genuß für den tätigen Menschen und für die Erfüllung seines Daseins notwendig. Die Ausstellungen des Volkswagenwerkes waren immer in erster Linie für seine Arbeiter und Angestellten, für die Bürger unserer jungen Stadt gedacht, die ihre Lebensform noch entwickelt«.

»Von Anfang an haben sie aber auch im gesamten europäischen Kunstleben einen Platz erworben, der von Zehntausenden anerkannt und begrüßt wurde. Der überwältigende Besuch aus ganz Deutschland und vielen anderen Ländern und die belebende Wirkung auf das kulturelle Geschehen in Wolfsburg und in anderen Städten sind die schönste Bestätigung dieser Ausstellungen«. ›

Künstler: Die Initiative, mit der Einrichtung geeigneter Werkstätten und Ateliers sowie mit der Bereitstellung von Wohnungen Künstler in die Stadt zu holen und seßhaft zu machen, löste ein nachhaltiges Echo aus und gab der kulturellen Entwicklung Wolfsburgs wesentliche Impulse. Es entstand die Künstlergruppe »Schloßstraße 8«, die mit ihrem Schaffen weit über die Region hinaus Beachtung fand.
Einer für viele: Rudolf Mauke kam aus Berlin, ausgezeichnet mit dem Preis des deutschen Kritikerverbandes und der Großen Berliner Ausstellung (Malerei). In einer Remise des Schlosses stand der Ofen, in dem er seine blauen, brauen, honigfarbenen eckigen und runden Keramiken brannte. Sie schmückten den Berliner Pavillon auf der New Yorker Weltausstellung 1964 und zieren heute manche weißgetünchte Neubauwand in Wolfsburger Häusern, drinnen wie draußen. Dagegen verlangen seine Aquarelle aus jüngstem Schaffen einen intimeren Rahmen und Raum. Neben seinem künstlerischen Schaffen stand Mauke als kritischer Ratgeber und zupackender Helfer dem Kunstverein und der Galerie für ihre Veranstaltungen zur Verfügung – bezeichnend für ihn und eine ganze Reihe vielfältig in der Entwicklung ihrer Stadt engagierter Wolfsburger.

Lernen: Wer möchte es nicht bei Katrin Brandt (links) in der Druckwerkstatt des Schlosses Wolfsburg im Rahmen des reichhaltigen Bildungsangebotes der Volkshochschule? Mit ihrer Malerei und Druckgrafik beteiligte sie sich an Ausstellungen, Kinder in vielen Ländern bis nach Japan kennen ihre Illustrationen zu Jugendbüchern. Dafür erhielt sie 1968 den deutschen Jugendbuch-Preis. Die VHS-Kurse der Wolfsburger Künstler sind sehr beliebt.

Junge Stadt sieht junge Kunst

Bürger gründeten einen lebendigen, sich engagierenden Kunstverein. Seine regelmäßigen Veranstaltungen stellen bewußt zeitgenössisches, zur Auseinandersetzung aufforderndes Schaffen heraus. Daneben wird die Ausstellung traditioneller Kunst nicht vernachlässigt, zu der einige Wolfsburger leichter Zugang zu finden meinen. Ein bedeutender Schritt zur kulturellen Emanzipation der Stadt war der von ihr geschaffene Wettbewerb »Junge Stadt sieht junge Kunst«.

Alle zwei Jahre konnten sich Künstler bis zu einem bestimmten Alter, die in Niedersachsen, Berlin oder – jeweils wechselnd – in einem weiteren Bundesland arbeiteten, um Preise für Malerei, Grafik und Plastik (insgesamt 10000 DM) bewerben. Die von einer anspruchsvollen Fachjury ausgewählten Arbeiten wurden neben den prämiierten und weiteren zum Ankauf empfohlenen Werken anschließend öffentlich in Wolfsburg ausgestellt. Mancher unbekannte junge Künstler machte sich hier seinen inzwischen gut dotierten Namen.

Die 1974 eingerichtete Städtische Galerie zeitgenössischer Kunst gelangte auf diese Weise zu einem Fundus höchst interessanter Arbeiten in großer Vielfalt. Ihn ergänzen die angekauften Arbeiten international prominenter Künstler. Rund zweitausend Kunstwerke unterschiedlicher Richtung und Gattung, die überwiegend nach 1945 entstanden sind, wurden für den städtischen Kunstbesitz erworben. Nicht mehr allein sondern zusammen mit anderen Städten führt Wolfsburg seit 1971 den Wettbewerb weiter; er heißt seit dem »Forum junger Kunst«. Erstmals 1986 wird im Wechsel dazu, wieder der ursprüngliche Kunstpreis vergeben. Er ist jetzt mit 15 000 DM dotiert.

Atmosphäre und gut geeignete Räume finden die Ausstellungen im Schloß Wolfsburg, das 1961 vom Land Niedersachsen für400000 DM zurückgekauft wurde. Viele Millionen wurden in die dringende bauliche Sanierung und in die Restaurierung innen und außen gesteckt; manches bleibt noch zu tun. Schon im ersten Jahr wurden Werkstätten für Druckgrafik, Fotografie, Keramik und Metallarbeiten eingerichtet.

Es entstanden Ateliers für Wolfsburger und für auswärtige Künstler, die, von der Stadt eingeladen, im Schloß Werk- und Wohnraum erhielten. Als Gegenleistung bekam der Gastgeber einen Originalabzug der hier entstandenen und gedruckten Kunstwerke. Die kleine Schar der Wolfsburger Künstler formierte sich ortsbezogen zur Gruppe »Schloßstraße«.

› *»Heute bedrängen uns andere Probleme als in den Jahren des Wiederaufbaus«.*

»Der Ideenreichtum und der angespannte Fleiß unserer Mitarbeiter im Verein mit dem Mut unternehmerischer Entscheidungen sind die Grundlagen für die Sicherung des Arbeitsplatzes und damit für die Erhaltung und Steigerung des Lebensstandards«.

»Die schwer errungene Leistung Einzelner aber, wie Vincent-van-Gogh, hat für uns alle neue Räume des Sehens und Erlebens der menschlichen Existenz geöffnet ...
... Das Werk Vincent-van-Gogh's in Not und Einsamkeit geschaffen, ist ein Zeichen für die bezwingende Kraft des Geistes und ganz unvergleichlich. Wenn es noch bewiesen werden müßte, wie töricht der Gemeinplatz ist, der die Kunst als ein Kind des Luxus ausgibt, dann würde es durch dieses Werk geschehen. In Wahrheit ist die Kunst der umfassendste Ausdruck der menschlichen Kraft, zu erleben und zu gestalten, und damit der schönste Ausdruck menschlicher Würde«. □

Das Schloß wird wieder hergestellt

Nach und nach wurden im Ostflügel weitere Räume wiederhergestellt: Gerichtslaube, Gartensaal, Kaminzimmer, Antoniensaal für repräsentative Veranstaltungen und für offizielle Empfänge des Rates der Stadt. Schließlich fand im geräumigen Schloß das Heimatmuseum nach jahrzehntelangem Behelf eine feste Bleibe und einen ansprechenden Rahmen.

Der Schloßhof erwies sich für stimmungsvolle Serenadenkonzerte ebenso geeignet wie für das jährliche Jazz-, Rock- und Folklore-Festival, dessen turbulente Vielfalt dann die gesamte Außenanlage mit einbezieht. Fast unmittelbar an den großen Schloßpark mit seinem alten Baumbestand schließen sich Reithalle, Ställe und Reitbahnen der Pferdefreunde an; zu den Turnieren trifft sich die internationale Elite der Dressur- und Springreiter in der Autostadt.

Ausritt: Im Schloßhof versammeln sich Wolfsburger Reiter, ihre berittenen Nachbarn und Freunde zum Ausritt. Die wilde Jagd hinter der Beagle-Meute durch die herbstliche Feldmark ist einer der Höhepunkte im Reiterjahr. Ganz besondere Ereignisse für die deutsche und europäische Reiterei sind die Dressur- und Springturniere in der Autostadt, deren Bevölkerung sich ein Herz für Pferd und Reiter bewahrt hat.

Festival: Einmal im Jahr ist Blues, Rock und Folklore angesagt. Dann treffen sich im Schloß und drumherum alle, die jung sind und jung blieben, zu ihrem Festival. Der satte Sound aus den Verstärkerbatterien läßt die ehrwürdigen Mauern des Schlosses und die Nerven der Zuhörer vibrieren. Wolfsburg nutzt viele Möglichkeiten, Leben in das alte Gemäuer zu bringen.

Ein kulturelles Zentrum für die Stadtmitte

Die Absicht kultureller Emanzipation neben dem Mäzen Volkswagenwerk hatte die Stadt schon 1958 bekundet, zwanzig Jahre nach ihrer Gründung: Am 1. Juli beschloß der Rat, an der Südseite des Rathausmarktes nach den Plänen des finnischen Architekten Alvar Aalto ein Kulturzentrum zu errichten, das die Stadtbibliothek, die Volkshochschule und ein Jugendfreizeitheim der offenen Tür aufnehmen sollte. Das architektonisch bedeutende Bauwerk erwies sich bald als zu klein, so daß die Jugendlichen in ihr selbstverwaltetes Jugendzentrum umzogen.

Die Volkshochschule hatte mit dem Fortbildungsprogramm »Arbeit und Leben« schon früh nach 1945 großes Interesse in der Industriestadt gefunden. Die jungen Leute, die damals aus Reichsarbeitsdienst und Volkssturm, als Flakhelfer und entlassene Soldaten aus Gefangenschaft in die fremde Stadt kamen, drängten sich in der stickigen Luft enger Barackenräume, um kaufmännisches und technisches Wissen zu erlangen, Buchhaltung und Sprachen, Stenografie und Schreibmaschine zu lernen. Die wenigsten hatten eine Lehre anfangen oder gar beenden können. Fast alle hatten ihre Schulzeit infolge des Krieges unterbrechen oder vorzeitig beenden müssen. Im neuen Hause nun konnte die Volkshochschule ihr Programm voll entfalten. Für ihre Kurse standen im Kulturzentrum jetzt Hörsäle und Gruppenräume zur Verfügung, die für eine Erweiterung des Bildungsangebotes Voraussetzung waren.

Volkshochschule und Bildungsurlaub

Die Möglichkeit eines bezahlten Bildungsurlaubs für Arbeitnehmer, die vor allem Schichtarbeitern entgegenkommt, ließ das Interesse weiter anwachsen. Seit 1975 besuchten rund 15 000 Wolfsburger Arbeitnehmer im Rahmen ihres Bildungsurlaubs die Veranstaltungen der Volkshochschule. Wegen ihrer richtungsweisenden Arbeit in der Erwachsenen- und Weiterbildung wurde die Einrichtung Modellprojekt des Europarates. Besonders interessiert zeigen sich Wolfsburgs Frauen. 1984 waren in den insgesamt 1258 Veranstaltungen der Volkshochschule, die in einzelnen Stadtvierteln und Ortsteilen Nebenstellen und weitere Ausbildungsorte unterhält, von rund 20 000 Teilnehmern mehr als zwei Drittel Frauen.

Bücher, Noten, Schallplatten

Eng geworden ist es in der Stadtbibliothek des Kulturzentrums, das in seiner Hauptbücherei mehr als hunderttausend und in der Jugend- und

Bücher, Bücher, Bücher: Es sind jetzt schon beinahe zu viele, die den zentralen Raum der Stadtbücherei im Kulturzentrum füllen und seine wohltuende architektonische Gestaltung beeinträchtigen. Weitere Räume und Lesezimmer unter demselben Dach schließen sich an. Hinzu kommen Außenstellen in den Schulen und Stadtteilen.

Kinderbücherei fast 16000 Bücher zur Ausleihe anbietet. Hinzu kommt die Musikbücherei mit je 2000 Büchern und Noten, 9500 Schallplatten und 2400 Tonkassetten.

Neben der zentralen Bibliothek hat Wolfsburg sechs Stadtteil- und sechs Schulbüchereien sowie eine Patientenbücherei im Stadtkrankenhaus mit eigenen Bücherbeständen. Eine Fahrbücherei mit allein 13000 Büchern rundet das Angebot für den Lesefreund ab. Die Wolfsburger machen Gebrauch davon, wie die 800023 Ausleihen 1984 bestätigen.

Immer wieder gibt es auch kleinere Ausstellungen in den Foyers des Kulturzentrums. Einen größeren Themenkreis erfassen die Dokumentationen und Ausstellungen, die fortlaufend in der Bürgerhalle des Rathauses veranstaltet werden. Sie schließen auch die Schau auf Ereignisse der Gegenwart und die engere Heimatgeschichte ein.

Filmkunst und Literatur

Schon Mitte der 50er Jahre gründeten Cineasten eine Filmclub, um den kommerziellen Lichtspielen und ihrem Unterhaltungsangebot Filmkunst früherer Jahre und neuzeitliche Experimente entgegenzusetzen. Als „Filmkreis" lebt der Club heute weiter. Zur selben Zeit initiierten Wolfsburgs Buchhändler in ihren Räumen Autorenlesungen und begründeten damit eine Tradition, die seit zehn Jahren vom »Literaturkreis« fortgeführt wird. Die Aula des Ratsgymnasiums ist der geeignete Ort für die Begegnung mit der Literatur dieser Zeit.

Lesungen stehen neben Konzerten, Ausstellungen und Theateraufführungen auch auf dem Programm des »Neuen Kulturvereins Wolfsburg«, der sich 1979 aus der »Musiker-Initiative« entwickelte und sein Angebot mit einer Woche der Straßenmusik begann. Auch in den Vereinigungen der ausländischen Mitbürger ist die kulturelle Arbeit so weit gediehen, daß sie 1983 am »Tag der Niedersachsen« in Wolfsburg mit eigenen Darbietungen die Öffentlichkeit überraschen konnten.

Musik – vor allem selbstgemacht

Das Musikleben in der Stadt blüht weder im Verborgenen, noch gedeiht es weniger kräftig. Die Musikschule Wolfsburg vermag dem Interesse einer begeisterten, unterrichtswilligen Jugend personell und räumlich kaum so zu entsprechen, wie sie es möchte. Die Schulorchester, besonders die Big Band, und talentierte Solisten geben jährlich öffentliche Konzerte, die gut besucht sind.

Kritische, begeisterungsfähige Zuhörer sammeln auch die vielen kleinen Gruppen um ihr Podium, die in den Treffs der Jugend ihre Musik vom Dixieland bis zum Rock machen und sich einmal im Jahr für ein Wochenende mit den berühmten Bands und ihren namhaften Solisten sowie Liedermachern im Schloß treffen. Zu besonderen Anlässen gibt das Orchester des VW-Werkes seine Konzerte im Saal und im Freien.

Im Gegensatz zu diesen neueren Einrichtungen waren die Chöre der Volkswagenstadt und die traditionsreichen Gesangvereine der Ortsteile Träger kulturellen und gesellschaftlichen Lebens seit der ersten Stunde. Das Singen soll den Chormitgliedern und ihren Zuhörern Freude machen; es ist Ausdruck des Wohlbefindens einer Bevölkerung.

Gehen die Ansprüche der Sängerinnen und Sänger darüber hinaus, sind Spitzenleistungen möglich, die auch im Ausland die offenen Ohren der Musikfreunde finden, wie mancher Wolfsburger Chor als musikalischer Botschafter der Volkswagenstadt in Wien, London, Brüssel, Amsterdam oder Kopenhagen schon bewiesen hat.

Endlich das Theater

Konzerte namhafter Orchester, Musiktheater, vor allem aber Schauspiele bietet seit 1973 das »Theater der Stadt Wolfsburg« in seinem neuen Haus. Es zählt achthundert Sitzplätze und nutzt modernste Bühnentechnik. Orchestergraben und Drehbühne gehören ebenso zur Ausstattung wie ein Foyer für Ausstellungen und Begegnungen. Träger dieser Einrichtung sind die Stadt und das Volkswagenwerk, ideell der Theaterring, der aus dem einstigen Kulturring hervorging und mehr als tausend Mitglieder zählt.

Ein Intendant leitet das Haus, das kein Ensemble hat, wohl aber fremden Schauspielertruppen Neuinszenierungen mit Wolfsburger Uraufführung ermöglicht und auch den heimischen Laienspielern für ihre Arbeit zur Verfügung steht. Sein fachliches Können, seine Berufserfahrung und die Kenntnis seines verwöhnten Wolfsburger Publikums bestimmen das Programm, das er aus den Gastspielangeboten deutscher und internationaler Bühnen und Agenturen zusammenstellt. Die Karten werden zum größten Teil im Abonnement vergeben, ein kleiner Teil wird frei verkauft. Sechstausend Theater- und Musikfreunde in neun Jahresabonnements bestätigen dem Intendanten eine glückliche Hand.

Autorenpreis für Kindertheater

Die Stadt Wolfsburg wird ab 1987 alle drei Jahre einen Autorenpreis für Kindertheater vergeben. Der Preis ist mit 20 000 DM dotiert und trägt den Namen »Hoffmann-von-Fallersleben-Preis der Stadt Wolfsburg«.

Oper: Nun kommt sie ins eigene Haus am Klieversberg, nachdem die Wolfsburger sie so lange auf auswärtigen Bühnen suchen mußten. Es sind meistens große, festliche Abende – besonders wenn das Ensemble des Braunschweiger Staatstheaters gastiert.

Eine Stadthalle für viele Zwecke

Für größere Veranstaltungen unter Dach steht bereits seit 1958 eine Stadthalle zur Verfügung, die zusammen mit dem Theaterbau und dem Planetarium am Klieversberg einen weiteren kulturellen Schwerpunkt im Stadtbild setzt. Von Versammlungen und Kongressen über Ausstellungen und Sportveranstaltungen bis zu den Shows der Unterhaltungsstars reicht das Programm der Mehrzweckhalle mit ihren dreitausend Plätzen. Ihr intimerer Spiegelsaal gibt festlichen Bällen und würdigen Feiern einen glanzvollen Rahmen.

Freizeit im Allerpark

Ganz im Zeichen der Freizeit steht das weite Gelände des Allerparks am nördlichen Ufer des Mittellandkanals. Der künstlich angelegte Allersee verlockt zum Segeln und Surfen, Schwimmen, Planschen und zum Sonnenbaden am Sandstrand. Unter ausladendem Dach bietet das »Badeland« mit Wellen- und temperierten Schwimmbecken, Sauna und Solarium, Spielgeräten und Restaurant während des ganzen Jahres und bei jedem Wetter Sport, Spiel und Spaß. Nur ein paar Schritte entfernt verlängert ein überdachtes Stadion den Eissportfreunden die Wintersaison auf künstlicher Eisfläche.

Nicht zu übersehen sind die Aktivitäten der Ruderer, Kanuten und der Motorbootkapitäne auf dem Mittellandkanal. Der Campingplatz hat zu jeder Jahreszeit Gäste. Im Sommer sind es vorwiegend Skandinavier, die auf der Vogelflugroute reisen und hier kurz rasten. Ein großes Veranstaltungsgelände rundet das Angebot des Allerparks ab: Das Fest der Schützen zwischen Achterbahn und Kinderkarussels, Schieß- und Würstchenbuden ist jährlich ein Höhepunkt für jung und alt. Hier ist auch viel Platz

Mehrzweck: In die Stadthalle lädt die Volkswagen AG immer wieder ihre Aktionäre, um ihnen über das abgelaufene Geschäftsjahr und den aktuellen Stand ihres Unternehmens zu berichten. Vom Sport bis zur Show, vom Kongreß bis zur Kundgebung – die Halle mit ihren Nebengebäuden muß und kann viele unterschiedliche Veranstaltungen aufnehmen.

für den Circus mit seinen Menschen und Tieren, wenn er in Wolfsburg sein großes Zelt aufschlägt.
Doch in den Sommerferien, wenn auch das Volkswagenwerk für drei Wochen Maschinen und Montagebänder anhält und der größte Teil der Belegschaft in den Urlaub geht, hält es nur wenige Wolfsburger noch zu Hause. Dann kennen sie keine Landesgrenzen und Entfernungen, um die Stätten ihrer Urlaubssehnsucht zu erreichen.
Für die übrige Zeit stehen ihnen, auch wenn sie keinem Verein angehören, neben den genannten Einrichtungen zahlreiche Bauten und Anlagen der Stadt zur Verfügung: Frei- und Hallenbäder, Flächen für Sport und Spiel, Fuß- und Radwanderwege, Trimmpfade für Gesundheitsbewußte und Waldlehrpfade für alle mit Nachholbedarf in Heimatkunde, ein Tiergehege in einem alten Steinbruch, Grillplätze für Freiluft- und Würstchenhungrige.
Mancher Wolfsburger hat in einer der vielen Kleingarten-Kolonien seinen »Sommersitz« zwischen dem eigenen Gemüse, oder er hat seinen Campingwagen in Stadtnähe abgestellt und zur Zweitwohnung für das Wochenende gemacht.

Strandbad: Vor der Silhouette des Schlosses und der grünen Kulisse der Parkbäume haben die Landschaftsarchitekten die Ufer des künstlich angelegten Allersees flach gehalten und Sandflächen aufgeschüttet. An warmen Sommertagen lockt Wolfsburgs Strandbad vor allem Kinder ins seichte Wasser, während Mama lieber auf dem Sand in der Sonne badet und bräunt.

Auftakeln: Allzuviele Segel brauchen nicht gesetzt zu werden, für einen größeren Törn ist der Allersee zu klein. Für »Optimisten«, wie die kleinen einfachen Segelboote heißen, mit denen die Jugendlichen den windigen Sport beginnen, ist er gut geeignet. Fast immer weht eine steife Brise durch das Urstromtal. Wer beim Kreuzen baden geht, ist schnell gesichtet und von den Rettern der DLRG samt Boot aus dem Wasser geholt.

Partner in drei Ländern

Eine Stadt lebt nicht nur in sich. In ihren Kontakten und Verbindungen wirkt sie auch nach außen, über nationale Grenzen hinaus. Dies gilt für Wolfsburg auf vielen Ebenen – der Wirtschaft, Politik, Kultur, des Sports. Symbolhaft ist der Austausch mit den Partnerstädten in England, Frankreich und Italien – der Autostadt Luton, der Industriestadt Marignane bei Marseille und dem reizvollen Pesaro Urbino – in denen Wolfsburg Freunde fand.

Angebote: Wolfsburgs Jugend kennt die Not der Kriegs- und Nachkriegsjahre nicht, und das ist gut so. Unbefangen bieten diese Mädchen auf dem Flohmarkt die abgelegten Spielsachen und gelesenen Bücher den Altersgenossen an, die daran interessiert sind – gegen Bares natürlich, um sich selbst Neues zu kaufen – Kinder dieser Zeit.

Schulsport: Leibesübungen wurden im Dritten Reich groß geschrieben. Der Sportplatz neben den Schulbaracken durfte nicht fehlen. Er stand auch den Betriebssportgemeinschaften zur Verfügung.

Mut: Die Heßlinger Turnerinnen brauchten sehr viel mehr Engagement als die heutigen Sportlerinnen, wenn sie sich zu ihren Übungen trafen. An Aerobic und Jazz-Gymnastik in knalligen, hautengen Trikots oder Jogging in legeren Laufanzügen war noch nicht zu denken.

Badespaß: Als es noch kein Badeland, keine Frei- und Hallenbäder, nicht einmal den Kanal gab, lernte die Jugend im Schillerteich schwimmen.

Aufstellung: Turner auf zum Streite! Die Riege hat sich aufgebaut, der Wettkampf kann beginnen. Um Kraft und Körperbeherrschung ging es damals, als harte Tagesarbeit auf den Feldern und im Forst, im Schacht und im Steinbruch Klagen über Bewegungsmangel nicht zuließ. Umso wichtiger ist der Sport für den Menschen in der heutigen Arbeitswelt. Die Wolfsburger nutzen die vielfältigen Angebote.

Sport

Olympische Gold- und Silbermedaillen, deutsche, europäische und Weltmeistertitel zieren den Sport in Wolfsburg. Seine herausragende Bedeutung aber wird sichtbar in der auffallend starken Aktivität der Bevölkerung. Spitzenleistungen im Sport haben – wie zu gleicher Zeit im kulturellen Bereich – das von Anfang an vorhandene Interesse angefacht. Heute gehören mehr als 42 000 Wolfsburger insgesamt 90 Sportvereinen an. Das vielfältige Programm reicht von den klassischen leicht- und schwerathletischen Disziplinen über die populären Ballspiele bis hin zum Tennis, Reiten, Segelfliegen, Sportfischen, Bogenschießen und vielen anderen Sportarten.

Im Jahr der Stadtgründung gab es nur den Turnverein Heßlingen. In ihm hielten sich die Mitglieder in der kalten Jahreszeit gelenkig. Im Sommer war weder Zeit noch Bedarf: Die Arbeit in der Landwirtschaft in frischer Luft und unter freiem Himmel sorgte reichlich für Bewegung. Gebadet wurde in Bächen und Teichen und vor allem im Mittellandkanal. In den Nachbargemeinden, die später Wolfsburg eingegliedert wurden, war es nicht anders. Hier und da gestalteten neben den Turnern die Vereine der Schützen, Kegler und ländlichen Reiter das örtliche Sportgeschehen, in dem die Geselligkeit oft mehr galt als der Wettstreit.

Nie zuvor hatte Sport in Deutschland größere Beachtung und Förderung gefunden als im Dritten Reich, das 1936 die Olympischen Spiele in Berlin ausrichtete. Allerdings bevorzugte man anstatt des englischen Lehnwortes eindeutige Begriffe wie »Leibeserziehung« und »Körperertüchtigung«. Sport und Spiel waren nicht mehr zweckfrei, sondern dienten einem ideologisch-biologischen Zweck: leistungsstarke Arbeiter, wehrtüchtige Soldaten, gesunde Mütter und Kinder heranzuziehen. ›

Kein Abseits: Das Stadion des VfL Wolfsburg am Berliner Ring hat auf dem Rasen und der Aschenbahn viele spannende Kämpfe und begeisterte Zuschauer gesehen. Ob es die internationalen Leichtathletikfeste waren, die den Breitensport förderten, oder die Siege der Handballer, die sie zum Deutschen Meister machten – hier stellte sich Wolfsburg immer wieder als aktive Sportstadt vor. Daß den Fußballern der Aufstieg in die Bundesliga versagt blieb, erscheint angesichts vieler leerer Vereinskassen in der obersten Spielklasse heute nicht mehr als Nachteil.

›Auch im jungen Wolfsburg gediehen zwischen den Baracken des Gemeinschaftslagers einige Sportarten, deren Anhänger sich im Heßlinger Verein und in einer Betriebssportgemeinschaft organisierten. Die Leibesertüchtigung der Belegschaft sollte neben dem industriellen Arbeitsplatz ihre Übungs- und Kampfstätte haben. Die Werksplanung sah auf dem Fabrikgelände ein großen ovales Stadion vor. An dieser Stelle feierten im August 1955 Volkswagenwerk und -stadt die Fertigstellung des 1000000. Volkswagens mit einer internationalen Revue und einem Volksfest. Der Wolfsburger Club »Grün-Gold« benutzte noch bis Mitte der 50er Jahre die Tennisplätze an der VW-Wache Sandkamp.

Das Volkswagenwerk hat nach 1945 den Sport auf seine Weise gefördert, in dem es sich finanziell am Bau und der Einrichtung von funktionstüchtigen Anlagen beteiligte. Schon früh schenkte es der Stadt das an den »Drei Steinen« landschaftlich reizvoll gelegene Freibad. Aber Gründer und Träger eines Firmensportvereins zu werden, der mit dem Namen teuer gehandelter Sportstars und der »Werbung am Mann« seine Produkte vermarktet, dazu konnte sich das Volkswagenwerk nie entschließen. Namhafte Spitzensportler – heute in VW-Führungspositionen machten ihre zukunftsichernde Karriere durch sich steigernde Leistungen am Arbeitsplatz und nicht an den Sportstätten.

Die jetzt mehr als 170 städtischen, vereinseigenen und kommerziell betriebenen Sportstätten Wolfsburgs liegen außerhalb des Werksgeländes; lediglich die an Wochenenden leeren VW-Parkplätze werden gelegentlich von den Automobilclubs für Geschicklichkeitswettbewerbe benutzt. Die 46 Freisportanlagen bieten 628943 Quadratmeter nutzbare Fläche. 45 Sport-, Turn- und Mehrzweckhallen überdachen 31777 Quadratmeter. Fünf Freibäder, drei Hallenbäder und ein Strandbad warten auf Schwimmer und Schüler. Sondersportarten vom Motocross bis zum Winter- ›

Spannung: Sie überließen die Heßlinger Traditionsschützen früher den Dorfjungen und ihren aus Haselnuß- oder Weidenholz eigenhändig geschnitzten »Flitzebogen«. Manchem Wettbewerber, der sich hier auf ein Turnier vorbereitet, ist das Bogenschießen mehr als eine Sportart unter vielen, die in Wolfsburg betrieben werden, mehr als Bogenspannen und Muskelstärke: Bewußtwerden außerkörperlicher Kräfte, Vereinigung mit dem Universum.

› sport haben ihre besonderen Einrichtungen.

Zur Förderung des titel- und medaillenträchtigen Spitzensportes entstand vor den Olympischen Spielen München 1972 in Wolfsburg ein Leistungszentrum für Schwimmen, Judo, Ringen, Gewichtheben, später auch Leichtathletik und Boxen. Mehr als die Spitzenleistung des Einzelnen bezeichnet jedoch Breitenarbeit das Sportgeschehen. Der aus dem 1945 gegründeten »Volkssport- und Kulturverein« (VSK) hervorgegangene Verein für Leibesübungen (VfL) zählt mehr als 6000 Mitglieder. Nicht weniger Wolfsburger bekennen sich zum Turnverein Jahn, der die Tradition der Heßlinger Turner fortführen möchte. Mehr noch als Mitgliederzahlen kennzeichnen die jährlich rund 2000 erfolgreichen Prüfungen für das Sportabzeichen und der Andrang zu den »Volksläufen« und Wandertagen das Wolfsburger Sportgeschehen. Schulsport und Behindertensport erweitern die Breitenarbeit.

1984 hatte die Stadt annähernd 13 Millionen DM für den Sport bereitgestellt, den sie ausdrücklich als ein »Aufgabengebiet kommunaler Selbstverwaltung« anerkannte. Für den Sport-Fachausschuß des Rates und das städtische Sportamt ist der Stadtsportbund, der 83 Vereine mit mehr als 40000 Mitgliedern repräsentiert, seit 1975 der wichtigste Partner. Erst lange nach der kommunalen Auskreisung (1951) hatte sich in jenem Jahr der Wolfsburger Sport aus dem Gifhorner Kreisverband lösen und das Provisorium des früheren »Stadtverbandes für Leibesübungen« beenden können. Als demokratisch gewählte Interessenvertretung gegenüber Stadt, Staat und Öffentlichkeit will der Stadtsportbund das Dach sein, unter dem auch weiterhin das Sportleben in Wolfsburg gedeihen soll. □

...und er läuft und läuft und läuft...

Der Volkswagen

Der Volkswagen: Auf den Reißbrettern der »Dr. Ing. h. c. F. Porsche K.-G. Stuttgart-Zuffenhausen« war das neue Volksauto, das einmal Weltmeister weden sollte, durchkonstruiert, die Pläne waren fertig. So sollte es aussehen.

Das Auto, dessen Produktion in großen Stückzahlen Anlaß zur Gründung der Stadt Wolfsburg war, hat Wirtschafts- und Kulturgeschichte gemacht. Es hat mehr bewegt als nur die viereinhalb Insassen und etwas Gepäck, für deren Transport sein Konstrukteur Ferdinand Porsche es entwickelt hatte. Dieses Auto war der Antrieb der Volksmotorisierung; von ihrer vielfältigen Wirkung blieb kaum ein Bereich privaten oder öffentlichen Lebens unberührt.

In der Geschichte des Menschen haben nur wenige technische Leistungen sein ganzes Verhalten, seinen Umgang mit sich und seiner Welt so tiefgreifend verändert wie das »Auto für jedermann«. Der Zuwachs an Beweglichkeit hat wesentlich zum Gewinn individueller Freiheit beigetragen.

Der Traum vom Volksauto entstand schon, als Benz und Daimler vor hundert Jahren ihre frühen Motorkutschen über die Straßenpflaster rumpeln ließen. Mit seinem Modell T, der legendären »Tin Lizzie«, machte Henry Ford in den USA als erster diesen Traum zur Wirklichkeit.

Sein Auto war billig in der Anschaffung und im Fahrbetrieb, es war leicht zu fahren und zu reparieren. Die einfache, robuste Konstruktion des Motorwagens und die Fertigung in großer Serie bei konsequenter Anwendung der Fließbandtechnik machten es möglich. Beispielhaftes Marketing stellte den Absatz des Autos auch in seiner großen Stückzahl sicher.

»Ich verstehe unter einem Volkswagen kein Kleinfahrzeug, das durch künstliche Verringerung seiner Abmessungen, seiner Leistung, seines Gewichts usw. die Tradition der bisherigen Erzeugnisse auf diesem Gebiet nach der Storchenschnabelmanier weiterführt. Um die bisher üblichen Gebrauchswagen zu Volkswagen zu machen, bedarf es meiner Ansicht nach grundsätzlich neuer Lösungen«. (Ferdinand Porsche 1934 in einem Exposé an das Reichsverkehrsministerium in Berlin).

Nicht an Ideen, am Geld fehlte es

In Europa war das Volksauto ehrgeiziges Projekt der besten Konstrukteure und risikofreudiger Produzenten. In England, Frankreich, Italien wurden Kleinautos unter Markennamen angeboten, die auch heute noch Rang und Klang haben. In Deutschland gab es in den 20er Jahren mehr als ein halbes Hundert Autohersteller; fast alle scheiterten nach kurzer Zeit. An richtungweisenden Ideen und originellen Lösungen, an Entwürfen und fahrbereiten Prototypen fehlte es nicht, wohl aber am Geld für den Aufbau einer Großserienproduktion.

Während in den USA die Motorisierungswelle das ganze weite Land erfaßte und erschließen half, konnte sie im finanzschwachen Europa, das zwei Weltkriege und in den beiden Jahrzehnten dazwischen enorme Wirtschaftskrisen zu verkraften hatte, erst in den 50er Jahren anrollen. Die Vorbereitungen dafür waren in Deutschland allerdings vor Beginn des Zweiten Weltkrieges weitgehend abgeschlossen.

Abgesehen von vielfältigen politischen Wirkungen, die er mit dem Volkswagenprojekt erreichen wollte, Hitler war autobegeistert, und er verfügte als Machthaber über alle Möglichkeiten, eine große Autoproduktion und eine engmaschige Vertriebsorganisation aufbauen zu lassen. Sein österreichischer Landsmann Ferdinand Porsche war der geniale Autobauer jener Zeit. Er vermochte die zahllosen automobiltechnischen Entwicklungen zu überblicken, im einzelnen ihren Wert abzuschätzen und in Verbindung mit ideenreichen eigenen Lösungen zu einer zukunftweisenden Konstruktion weiterzuentwickeln. Mit dem tüchtigen Karl Rabe hatte er einen Chefkonstrukteur an seiner Seite, der es verstand, Porsches Ideen in die Tat umzusetzen.

Der Chef: Ferdinand Porsche

Hitlers Forderungen

Im Januar 1934 reichte Porsche der Reichskanzlei Hitlers seinen Vorschlag ein. Dies hielt er für machbar: ein zuverlässiges, vollwertiges Auto für 1.500 Reichsmark, Boxermotor (1250 Kubikzentimeter/26 PS) im Heck, Verbrauch 8 Liter/100 Kilometer, Höchstgeschwindigkeit 100 Stundenkilometer. Noch im Frühjahr kam es im Berliner Hotel Kaiserhof zu einem Gespräch, in dem Hitler nunmehr seine Forderungen präzisierte:
Verkaufspreis unter 1000 Reichsmark, Benzinverbrauch 7 l/100 km, »autobahnfest« d. h. 100 km/Std. Dauergeschwindigkeit, Luftkühlung (»um auch bei Frostwetter ohne Garage auszukommen«), vier bis fünf Sitze (»damit die Kinder die Eltern begleiten können«). Porsche hatte berechtigte Bedenken wegen des Preises, wollte aber gegen Erstattung der Entwicklungskosten einen Prototyp bauen, den dann die deutsche Automobilindustrie neben den eigenen, teureren Wagen in ihren bestehenden Werken produzieren sollte.

Zur Eröffnung der Internationalen Automobilausstellung 1934 in Berlin erwähnt Hitler zum ersten Mal sein Projekt und nennt das Auto beim Namen: »In Deutschland kommen 100 Einwohner auf ein Automobil, in Frankreich 28 und in den Vereinigten Staaten 6. Dieses Ungleichgewicht muß geändert werden. Wenn wir wirklich die Kraftwagenbesitzer in die Millionenzahl steigen lassen wollen, müssen wir den Preis den finanziellen Möglichkeiten der daran interessierten Käufer anpassen, muß die Industrie einen geeigneten Wagen schaffen und bauen, einen deutschen Volkswagen«. Hitler ließ die Gelegenheit, die Automobilhersteller vor sich versammelt zu haben, nicht aus, um deutlich zu machen: Wenn die Industrie den Volkswagen nicht zu einem erschwinglichen Preis bauen könne oder wolle, werde der Staat das übernehmen.

Im Test: Drei erste Prototypen (VW 3), darunter diese Limousine, wurden im Herbst 1936 über 50 000 km getestet. Der VW-Käfer nahm Gestalt an.

Luftig: Auch ein Cabrio war bereits dabei, als die ersten drei Prototypen ihre Probefahrten im Schwarzwald unternahmen. Am Lenkrad: Sohn Ferry Porsche, der das Erbe des Vaters bewahrte und daraus die heutige Porsche AG entwickelte; sie führt Konstruktions-Aufträge für die internationale Industrie aus. Besser bekannt aber sind ihre Sportwagen und die weltweiten Rennerfolge.

Porsches Prototyp

Porsche hatte vor dem Ersten Weltkrieg große Autos gebaut, danach mehrfach Volksautos konzipiert, zuletzt für Zündapp und NSU.
Aus dem Automobilrennsport besaß er Erfahrungen mit Hochleistungsmaschinen und Leichtbauweise.
Die wesentlichen Merkmale seines Prototyps eines Volkswagens waren: Um Gewicht zu sparen, ersetzte er die schweren Blattfedern und die starre Hinterachse aus der Kutschwagenzeit durch neuentwickelte leichte Drehfederstäbe mit Einzelaufhängung der Räder. Auch das Gewicht der langen Kardanwelle sollte entfallen, deshalb vereinigte er Motor, Getriebe und Differential in einem Block und ordnete das gesamte Aggregat im Wagenheck an.
Ein Frontantrieb, wie er heute üblich ist, war wegen der Lenkung der Vorderräder damals noch technisch schwierig und aufwendig. So aber entstand Hecklastigkeit, die den Wagen seitenwindempfindlich machte. Die Unterbringung des Benzintanks und Reserverades im Wagenbug reichte nicht für einen Gewichtsausgleich, das Heck mußte noch leichter werden.
Porsche experimentierte mit verschiedenen Motorvarianten und entschied sich schließlich für einen Leichtmetallmotor, dessen vier Zylinder paarweise gegenüber lagen (Boxermotor) und über ein großes Gebläse mit Luft gekühlt wurden.
Damit entfiel das Gewicht des schweren Mantelgehäuses und der Kühlflüssigkeit, die den konventionellen Motor umgaben und temperierten.
Auf das betriebsfertige Fahrgestell mit seiner robusten, verwindungssteifen Bodenplatte setzte er eine Karosserie ganz aus Stahl anstelle von Sperrholz und fester Pappe, wie sie damals noch bei kleineren Autos verwendet wurden. Die gerundete Karosserieform entsprach den Vorstellungen jener Zeit von Aerodynamik. Sie machte den Volkswagen unverwechselbar und als »Käfer« weltberühmt.

Werbung: Eine besondere Verkaufsförderung hätte der KdF-Wagen gar nicht gebraucht, nachdem die NS-Propaganda das Wolfsburger Projekt dem »Volk« immer wieder rühmend vorgestellt hatte. Der Wunsch nach einem eigenen Auto war stets lebendig gewesen; jetzt wurde konkret gezeigt, wie jedermann sich ihn erfüllen konnte.

Großversuch: Diese zweitürige Limousine fuhr 1937 in einer Flotte von 30 Prototypen den ausgedehntesten und härtesten Test, den bis dahin ein Automobilunternehmen einem neuen Modell zugemutet hatte. Die Fahrzeuge bestanden den Großversuch, der überall Aufsehen erregte.

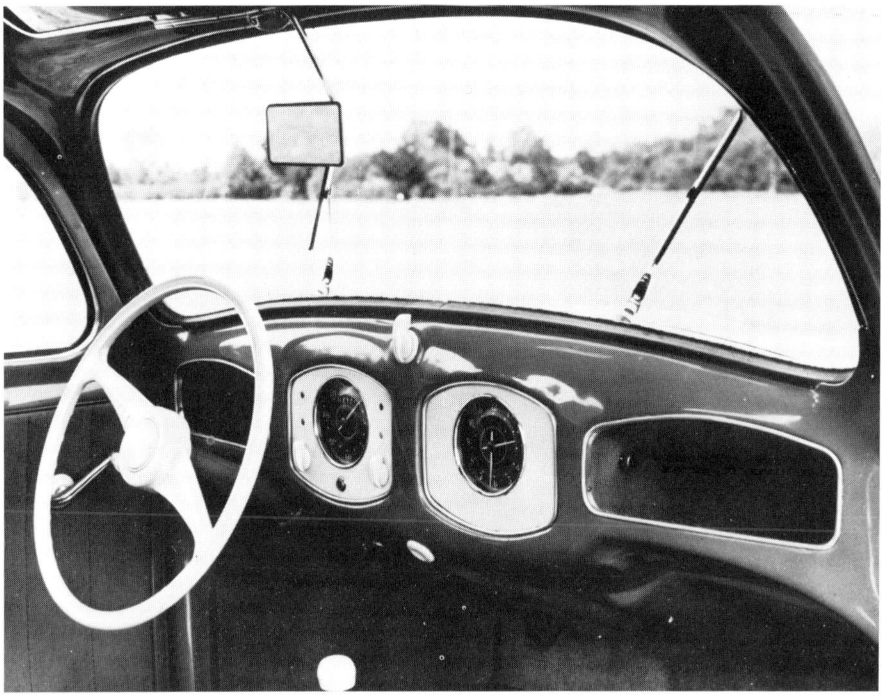

Cockpit: Als die Autohersteller das Blech mit der eingelassenen »Zentralanzeige« (daneben: der Luxus einer Zeituhr) noch »Armaturenbrett« nannten, sah es im VW-Käfer so aus.

Das Auto bewährt sich

Im Herbst 1936 wurden drei Prototypen über je 50 000 Kilometer getestet. Im folgenden Jahr schloß sich ein Großversuch mit dreißig Wagen über insgesamt 2,4 Millionen Kilometer an. Der größte und härteste Dauerversuch für Fahrgestell und Motor aber fand im Zweiten Weltkrieg statt:

In seiner militärischen Version als flinker, leichter Kübelwagen – ab 1942 gab es auch noch einen Schwimmwagen – bewährte er sich auf allen Kriegsschauplätzen von der Sahara bis zum Eismeer. Bei Freund und Feind erfuhr er Vertrauen und Anerkennung, ein Kapital, das nach Kriegsende den Start des »Käfers« durch englische Besatzungsoffiziere und seinen Siegeszug durch die ganze Welt begünstigte. Ihre eigene nationale Autoindustrie, denen die westlichen Besatzungsmächte Wagen und Werk als Kriegsbeute zur Entschädigung angeboten hatten, verkannte den hohen technischen Wert des Projekts und lehnte hochmütig ab.

Für die »Control Commission of Germany« (CCG) der Besatzungsmacht als dunkelgrüne Limousine und für die deutsche Post als Behelfslieferwagen wurden 1946 in dem schwer zerstörten Werk und trotz des Materialmangels 10 020 Volkswagen produziert. Viele wurden den Alliierten auch als Reparationsleistungen geliefert. 1947 waren es dann allerdings nur noch 8 987, und die Hoffnungen schwanden wieder.

Um so bedeutender war das »Abenteuer« der beiden holländischen Kaufmannsbrüder Pon, die sich trickreich 56 VW-Limousinen aus Wolfsburg holten und in den Niederlanden verkauften. Es war der Beginn des VW-Exports, der später einmal mehr als zwei Drittel der gesamten Produktion abnahm und die stärkste Stütze für den Aufschwung von Volkswagenwerk und -stadt war.

Kriegseinsatz: Einer noch härteren Bewährung wurde die technische Konzeption im 2. Weltkrieg ausgesetzt. Als »Jeep« der deutschen Wehrmacht fuhren der Kübelwagen und der Schwimmwagen an allen Fronten. »Kraft-durch-Freude«-Wagen liefen nicht mehr vom Band.

Saurier: Einst waren die gigantischen Pressen, die mit hohem Druck aus blanken Stahlblechen die stark gewölbten Teile der Käfer-Karosserie formten, der stolz der Wolfsburger Autobauer. Die scharfkantigen, schweren Bleche wurden mit der Hand eingelegt und herausgenommen. Heute geschieht das automatisch in den »Pressenstraßen«.

Jubiläum: Es war der Tag der Hoffnung für Werk und Stadt, als Major Ivan Hirst, der gemeinsam mit seinem Offizierskameraden in den Wolfsburg Motor Works die zivile VW-Produktion angekurbelt hatte, eigenhändig den 1.000 Volkswagen vom Montageband fuhr.

Jetzt erst ging es richtig los

Doch schon 1948, im Jahr der Währungsreform, wandelte sich die Situation wieder zum Besseren. Der Diplomingenieur Heinrich Nordhoff, ein von General Motors ausgebildeter, bei Opel erfahrener Fachmann, wurde Generaldirektor des Unternehmens mit großen Vollmachten. Er entwickelte den Volkswagen, der für ihn »mehr Fehler als ein Hund Flöhe« hatte, zu einer zivilen Limousine, die sich wettbewerbsfähig auf freien Märkten verkaufen ließ.

Bewährte Porsche-Mitarbeiter halfen ihm dabei. Überwiegend von Opel holte er erfahrene Fertigungsingenieure, die eine funktionierende Serienproduktion einrichteten. Und vor allem mit früheren Angehörigen der Auto-Union baute er eine private Verkaufs- und Kundendienstorganisation auf, nachdem die geplante (halbstaatliche) Verteilung der Autos an die Käufer mit dem Zusammenbruch des Dritten Reiches und seiner KdF-Organisation hinfällig geworden war. Auch die ersten Käufer, die den Kaufbetrag ansparen mußten und für ihr Geld nie einen Volkswagen erhalten hatten, schöpften 1948 wieder Hoffnung und klagten mutig auf Lieferung der angesparten Autos.

Ob der Volkswagen mit moderner Fließbandtechnik in großer Serie zu diesem Preis hätte gebaut werden können, brauchte nicht mehr bewiesen zu werden: Der Krieg begann; keine KdF-Limousine lief je für einen Sparer vom Band. Das Standardmodell, das später gebaut wurde und 1948 nach der Währungsreform zunächst 5.200 Deutsche Mark kostete, erreichte 1955 mit DM 3.790 seinen niedrigsten Preis, obwohl Lieferfristen bis zu zwei Jahren und die Preise der Konkurrenz ohne weiteres DM 5.000 gerechtfertigt und den Verkaufserfolg nicht geschmälert hätten.

Bis zu diesem Jahr, in dem im Werk und der Stadt der 1.000.000. Volkswagen bejubelt wurde, hatten sinkende Produktionskosten pro Wagen – Ergebnis einer mehr und mehr rationalisierten Fertigung in großer Serie – jährlich Preissenkungen ermöglicht. Der in Europa einmalige Produktionserfolg machte das Unternehmen – und die neue Stadt – erstmalig in weiten Teilen der Welt bekannt.

Die VW-Sparer prozessierten dreizehn Jahre. Ihre Spargelder waren nicht für den Bau des Werkes und

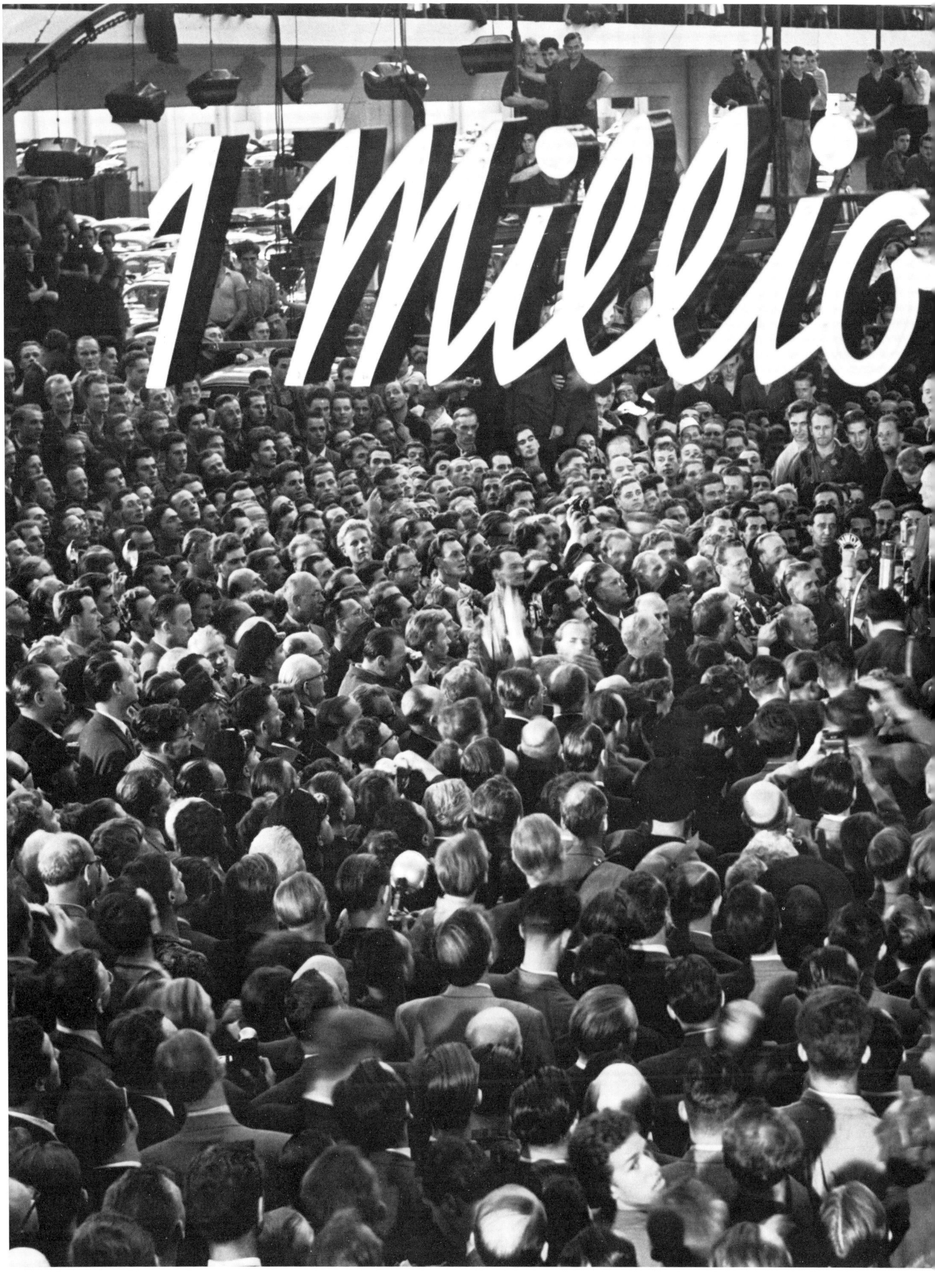
1 Millio

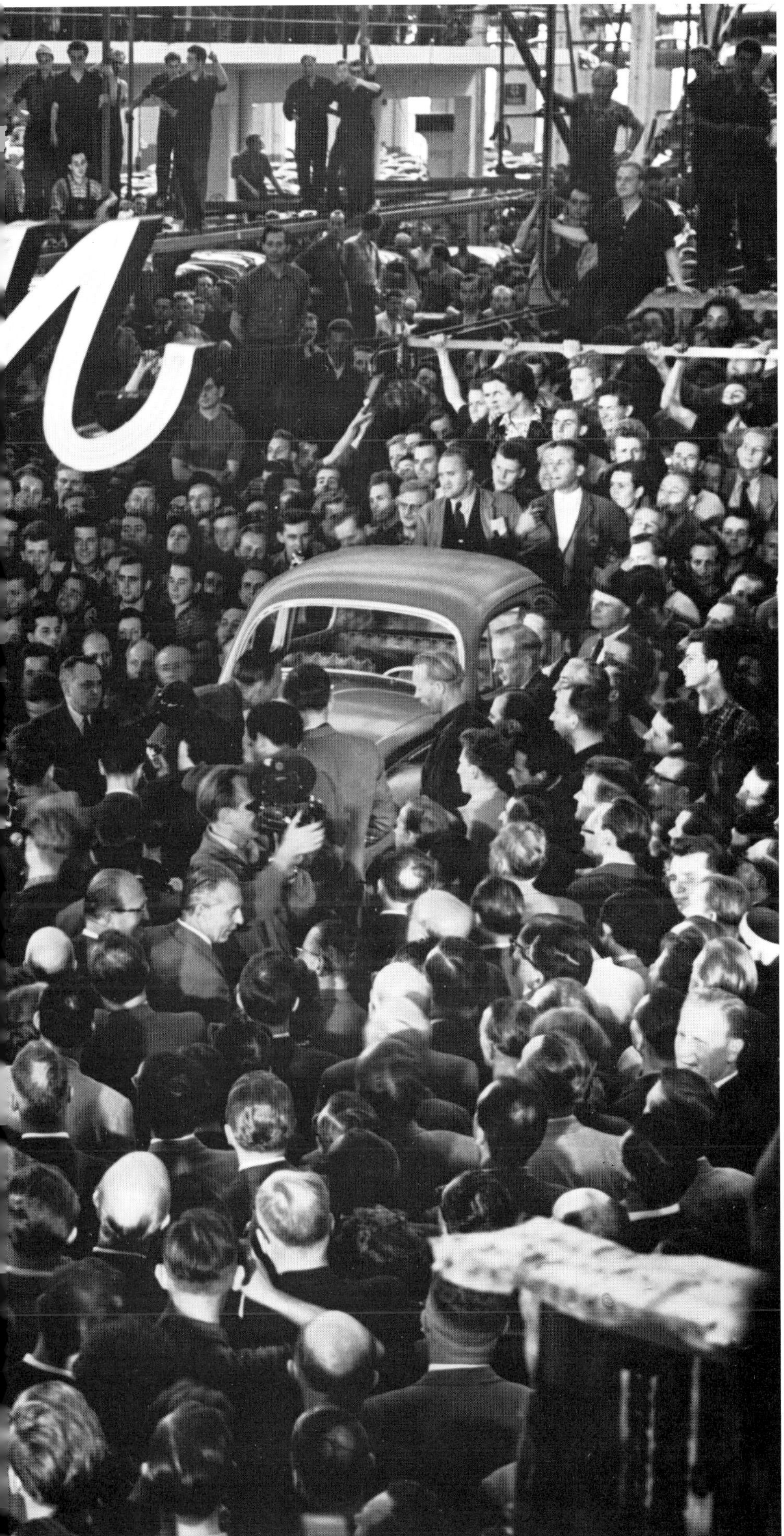

Jubel: Die Welt kam gratulieren – formulierte die Wochenschau – als am 5. August 1955 im Werk Wolfsburg »der Millionste« vom Band lief. Um das Mikrofon und Nordhoff versammelten sich die Werksangehörigen und Jubelgäste, darunter Hunderte internationaler Journalisten, die in Sonderzügen herbeigeholt worden waren. Mit diesem sorgfältig inszenierten Ereignis machte das Unternehmen weltweit seinen Volkswagen als Erfolgswagen bekannt, entsprechend der alten Verkäuferweisheit, daß nichts erfolgreicher verkauft als der Erfolg. In der Bundesrepublik, die auf Ausfuhr und Deviseneinnahmen angewiesen war, wurde das Volkswagenwerk der bei weitem größte Exporteur. Die internationale Anerkennung erfüllte die Wolfsburger Belegschaft mit dem Stolz einer Elite und schweißte sie noch enger zu einer Gemeinschaft zusammen.

seines Wagens eingesetzt worden. Seit einem Vergleich wird ihnen ihr Sparguthaben beim Kauf eines Volkswagens eigener Wahl und beliebiger Ausführung angerechnet.

Der »Käfer« wird Weltmeister

Die neuen Männer steigerten die Produktion schnell. Im Mai 1948 lief der 25.000ste VW vom Band, ein Jahr später der 50.000ste, im Juli 1953 der 500.000ste. Im August 1955 war neben der ersten Million eine Tagesproduktion von tausend VW erreicht. Zehn Jahre später waren es zehn Millionen. Am 17. Februar 1972 wurde der 15.007.034. »Käfer« Weltmeister: Er brach den bis dahin gültigen Produktionsrekord, den Fords »Tin Lizzie« hielt. Von keinem einzigen Automodell in der Welt sind jemals mehr gebaut worden als vom »Käfer«.

Der Volkswagen kam jetzt nicht nur aus Wolfsburg. Er wurde in mehreren Werken in Deutschland, Europa und Übersee produziert oder aus zerlegten Bauteilen fertigmontiert. Heute läuft er noch im mexikanischen VW-Werk, in Brasilien und in Nigeria vom Band. Von dort wird er in alle Welt exportiert, wo immer er gefragt ist – bis vor kurzem auch nach Deutschland, wo am 19. Januar 1978 der letzte »Käfer« aus inländischer Produktion vom Band gerollt war.

Ferdinand Porsches technische Konzeption, aus der sein Sohn Ferry während der französischen Internierung seines Vaters im eigenen Unternehmen erfolgreich Sportwagen entwickelte, trägt bis in die Gegenwart. Selten konnte ein Auto über Jahrzehnte so konsequent dem aktuellen technischen Fortschritt angepaßt und immer weiter verbessert werden. Es blieb nicht bei dem Standardmotor mit 1200 Kubikzentimeter Hubraum, stärkere Aggregate mit höherer Leistung kamen hinzu.

Porsches Konzept fand sich nicht nur unter dem runden Buckel der Limousinen und des viersitzigen Cabriolets, sondern auch in flotten Zweisitzern mit Ghia-Styling, unter den Pontonkarosserien der VW 1500/1600 und VW 411/412, in den vielseitigen Personen- und Lastentransportern, die 1950 zum ersten Mal vom Band rollten und einen völlig neuen Markt schufen. Der luftgekühlte Heckmotor schnurrte seit 1965 im Kleinlieferwagen VW 147, den der treue Großabnehmer Bundespost einsetzte und »Fridolin« nannte, wie auch im offenen Mehrzweckfahrzeug VW 181, das an den legendären Kübelwagen des Zweiten Weltkrieges erinnerte.

Diagramme des Erfolges: Sie waren den Presseunterlagen beigefügt, die 1955 anläßlich des Produktionsjubiläums den Journalisten ausgehändigt wurden, sie machen einen der Gründe für das »Volkswagen-Wunder« sichtbar: Das sture Festhalten an einem Grundmodell mit wenigen Ausstattungsvarianten war die Voraussetzung für eine frühzeitige, sehr weitgehende Rationalisierung und Automatisierung der Fahrzeugproduktion und damit für eine Reduzierung der Fertigungskosten pro Fahrzeug, obwohl Material- und Lohnkosten insgesamt anstiegen. Trotz langer Lieferzeiten für seine beiden Limousinen senkte das Volkswagenwerk die Verkaufspreise Jahr für Jahr. Bei gleichzeitig wachsenden Löhnen konnten immer mehr Arbeitnehmer ihren Wunsch nach einem eigenen »richtigen« Auto erfüllen. Die Welle der Volksmotorisierung rollte an, nicht nur in Westdeutschland, denn auch die Konkurrenten überall in Europa mußten ihre Automobile in dieser Klasse den VW-Preisen angemessen preisgünstig verkaufen.

Standard: Die Karosserie wirkte plump und häßlich. In ihrer Ausstattung war die VW-Standardlimousine, mit der die Wolfsburger Produktion nach 1945 wieder begann, so karg wie die Essensrationen »Otto Normalverbrauchers«. Es wundert nicht, daß Amerikaner, Engländer und Franzosen dieses Beutegut ablehnten.

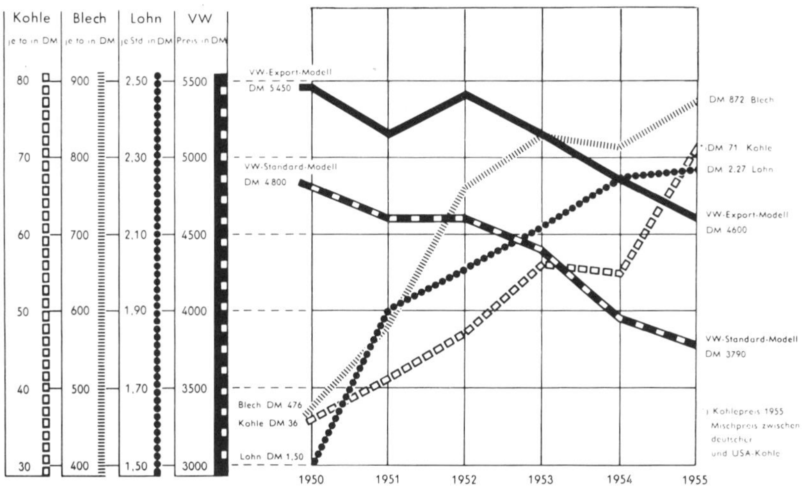
Kohle
je to in DM
Blech
je to in DM
Lohn
je Std in DM
VW
Preis in DM
80
70
60
50
40
30
900
800
700
600
500
400
2,50
2,30
2,10
1,90
1,70
1,50
5500
5000
4500
4000
3500
3000
VW-Export-Modell
DM 5450
VW-Standard-Modell
DM 4800
Blech DM 476
Kohle DM 36
Lohn DM 1,50
1950
1951
1952
1953
1954
1955
DM 872 Blech
*) DM 71 Kohle
DM 2.27 Lohn
VW-Export-Modell
DM 4600
VW-Standard-Modell
DM 3790
*) Kohlepreis 1955
Mischpreis zwischen
deutscher
und USA-Kohle

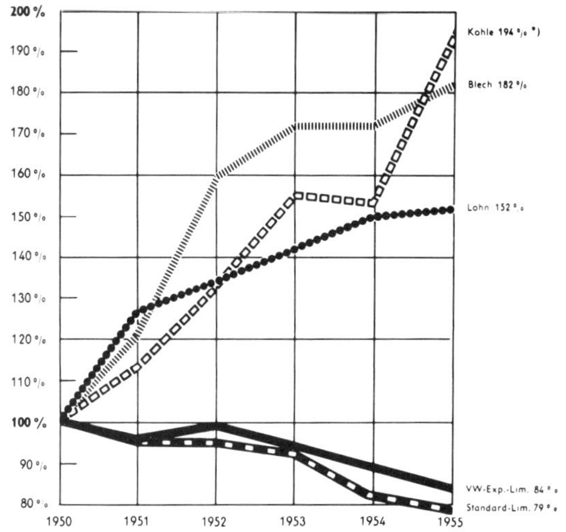
200 %
190 %
180 %
170 %
160 %
150 %
140 %
130 %
120 %
110 %
100 %
90 %
80 %
1950
1951
1952
1953
1954
1955
Kohle 194 % *)
Blech 182 %
Lohn 152 %
VW-Exp.-Lim. 84 %
Standard-Lim. 79 %

Volkswagen und Volksaktien

Politik war immer mit im Spiel, wenn es um VW – Wagen und Werk – ging. Erinnert sei daran, daß die Initiatoren des Unternehmens den Volkswagen als wirkungsvolles Instrument einsetzen wollten, um vielfältige politische Ziele zu erreichen. Auch der Preis des »Käfers« war von Anfang an ein politischer Preis, der um 1960 inoffiziell den Brotpreis als Eckwert für die Lebenshaltungskosten abgelöst hatte. Als damals das Unternehmen den VW-Preis erstmals erhöhte, bedrängte die Bundesregierung den Vorstand, die Maßnahme wieder zurückzunehmen – ohne Erfolg.
Größtes Aufsehen weltweit erregte Anfang der 60er Jahre die »Privatisierung« des Unternehmens, mit der die Bundesregierung Konrad Adenauers und Ludwig Erhards ihre vermögenspolitischen Ziele zu verwirklichen suchte. Sollte der Volkswagen einst den »kleinen Mann« motorisieren, so sollte, nachdem dies fast erreicht war, die »Volksaktie« ihn nunmehr am Produktivvermögen der deutschen Wirtschaft beteiligen. Das »herrenlose« Volkswagenwerk erschien dafür bestens geeignet.
Das Unternehmen war am 28. Mai 1937 als »Gesellschaft zur Vorbereitung des deutschen Volkswagens mbH« (Gezuvor) gegründet worden. Gesellschafter waren die beiden Vermögensgesellschaften der nationalsozialistischen Deutschen Arbeitsfront (DAF).
Am 16. September 1938 wurde die Gezuvor in Volkswagenwerk GmbH umbenannt. Der Sitz der Gesellschaft war Berlin; er wurde 1948 nach Wolfsburg verlegt.
Das Gesellschaftskapital von ursprünglich 50 Millionen wurde bis 1945 auf 150 Millionen Reichsmark (RM) erhöht; im Juni 1951 wurde es in der DM-Eröffnungs-Bilanz auf die neue Währung umgestellt und auf 60 Millionen Deutsche Mark (DM) neu festgesetzt.
Die Rechts- und Eigentumsverhältnisse der Gesellschaft, deren Vermögen 1945 von den Alliierten beschlagnahmt worden war, wurden 〉

Weltmeister: Als am 17. Februar 1972 Anlaß für ein zweites besonderes Jubiläum war, gab es kein großes Fest. Die Welt kam nicht gratulieren, sondern wartete mit Spannung, ob es in Wolfsburg gelingen würde, eine zweite, ebenso erfolgreiche VW-Generation auf die Straßen der Welt zu bringen. An diesem Tage stellte der VW-Käfer den Produktionsrekord der legendären Ford »Thin Lizzie« ein, die von 1908 bis 1927 gefertigt worden war und die Massenmotorisierung Nordamerikas eingeleitet hatte. Seither ist der Käfer das am meisten und längsten gebaute Personenauto in der Welt. Zusammen mit der VW-Belegschaft, aus deren Mitte heraus er seinen beruflichen Weg an die Spitze des VW-Konzerns genommen hatte, feierte Rudolf Leiding den Käfer als »Weltmeister«, während die »Fachwelt« meinte, das Unternehmen habe viel zu lange an diesem Auto und seiner technischen Konzeption festgehalten.

Flott und wirtschaftlich: Auf dem Nutzfahrzeugmarkt signalisierte der Aufschwung nach 1948 schon früh wachsenden Bedarf an schnellen, wendigen, wirtschaftlichen Transportern für leichte Güter und für Menschen. Trotz völliger Produktionsauslastung für den Käfer wurde 1950 im Volkswagenwerk Wolfsburg Fertigungskapazität für einen Kastenwagen geschaffen, den mit der Zeit Sieben-/Achtsitzer, Kombis, Pritschenwagen mit einfacher und Doppelkabine, Feuerwehr- und Krankenwagen und viele andere Sonderfahrzeuge folgten. Sie teilten mit den Personenwagen fast alle Aggregate, die allerdings dem andersgearteten Fahrbetrieb angepaßt wurden. Mit seiner Transporter-Flotte sicherte sich das Volkswagenwerk im In- und Ausland früh einen hohen Anteil an diesem neuen Markt, Mitte der 50er Jahre wurde aus Wolfsburg die Transporterfertigung in ein eigens dafür gebautes Werk nach Hannover verlagert.

› am 9. Mai 1960 durch ein Bundesgesetz geregelt, nachdem zuvor das Land Niedersachsen und die Bundesrepublik Deutschland ihre Meinungsverschiedenheiten in dieser Frage »vergleichsweise bereinigt« hatten. Im Vertrag vom 11./12. November 1959 hatten sie auch schon die Ziele abgesteckt: Umwandlung der GmbH in eine Aktiengesellschaft, Veräußerung von 60 Prozent des Grundkapitals als Kleinaktien, Errichtung einer »Stiftung Volkswagenwerk« mit Sitz in Hannover.

Das »Volkswagenwerk-Gesetz« des Bundes vom 21. Juli 1960 regelte schließlich die Einzelheiten: Bund und Land Niedersachsen erhielten als Großaktionäre je 20 Prozent des Grundkapitals, das mit 600 Millionen DM festgesetzt worden war. Die restlichen 60 Prozent wurden mit einem gestaffelten Sozialrabatt Bundesbürgern mit begrenzt niedrigem Einkommen zum Kauf angeboten.

Die Nachfrage war so groß, daß am Ende die Aktien zugeteilt werden mußten: Jeder bekam nur zwei Aktien, drei wenn er Glück (durch Losentscheid) hatte. Ausgenommen waren die VW-Mitarbeiter.

Um sie an dem von ihnen geschaffenen Produktivvermögen zu beteiligen und an das Unternehmen zu binden, konnten sie ohne Einkommensbegrenzung bis zu neun VW-Aktien käuflich erwerben.

Die zehnte Aktie erhielten sie von »ihrer« Gesellschaft geschenkt.

Am Ausgabetag der Volksaktien war jeder VW-Mitarbeiter – und wenn er nur die Gratis-Aktie besaß – Miteigentümer seines Unternehmens, der Volkswagenwerk Aktiengesellschaft.

Auch viele nicht im Werk beschäftigte Wolfsburger hatten zwei, drei Aktien erworben. In jener Zeit wurde die Zahl der VW-Aktionäre auf 1,2 Millionen geschätzt; in der Welt hatte nur die US-Telefongesellschaft AT & T noch mehr Aktionäre. Die Volkswagenstadt sah die größten Aktionärsversammlungen der deutschen Wirtschaftsgeschichte. An allen deutschen Börsen erzielte die 100-DM-Aktie bald einen Höchstkurs von DM 1.200. ›

› Viele »Volksaktionäre« verkauften ihre Wertpapiere schnell und mit Gewinn, obwohl sie in diesem Fall den Sozialrabatt wieder zurückzahlen mußten. Um einen Ausverkauf und eine »Machtübernahme« durch kapitalstarke ausländische Interessenten auszuschalten, wurde das Stimmrecht der freien VW-Aktionäre stark beschränkt, während die beiden staatlichen Großaktionäre für ihren Kapitalanteil das volle Stimmrecht ausüben konnten und stets über je zwei Aufsichtsratsmandate verfügten.

Zu dem Zweck, »Wissenschaft und Technik in Forschung und Lehre zu fördern«, wurde die Stiftung Volkswagenwerk errichtet. Als Vermögenswerte erhielt sie den Erlös aus dem Erstverkauf der Volksaktien mit der Maßgabe, dieses Kapital als langfristiges Darlehen gegen einen angemessenen Zinssatz dem Bund zur Verfügung zu stellen. Die so einkommenden Zinsen und die den beiden staatlichen VW-Aktionären zustehenden Dividenden kann die Stiftung seither jährlich als Fördermittel entsprechend ihrer Aufgabenstellung einsetzen. Seit ihrem Entstehen hat sie 14.000 Anträge bearbeitet, 6.700 gefördert und dafür DM 2,24 Milliarden bereitgestellt.

Das Grundkapital der Volkswagen AG, wie das Unternehmen seit 1985 firmiert, beträgt heute DM 1,2 Milliarden. Obwohl es neben Bund und Land mehrere große Aktionäre gibt, darf in den Hauptversammlungen niemand das Stimmrecht für mehr als den fünften Teil des Grundkapitals ausüben. Alle wichtigen Entscheidungen aber – auch eine eventuelle Verlegung des Firmensitzes aus Wolfsburg – bedürfen einer Mehrheit von mehr als vier Fünftel des bei der Beschlußfassung vertretenen Grundkapitals anstatt der sonst üblichen Dreiviertel-Mehrheit.

Für das Unternehmen gilt das deutsche Mitbestimmungsgesetz: Zehn der zwanzig Aufsichtsratsmitglieder vertreten die Arbeitnehmer, zehn die Anteilseigner der Gesellschaft. □

In Flugzeugen, »Sandflöhen« und Rennwagen

Die klassische, aber aufwendige Unterscheidung von Fahrgestell und Aufbau beim »Käfer«, die bei fast allen Personenwagen schon lange von freitragenden Karosserien abgelöst worden war, ermöglichte Profis und phantasievollen Bastlern, zweckmäßige bzw. spaßige Karosserien eigenen Stylings auf das solide Chassis zu setzen. Besonders schnell vermehrten sich überall, wo Sonne und Freizeit lockten, die »Sandflöhe«, die als Dune Buggies in Kalifornien und Arizona Schmunzeln und Staunen auslösten und bald junge Leute überall in der Welt zu Nachbauten veranlaßten.

Die Zuverlässigkeit des VW-Antriebs verlockte Hobby-Konstrukteure zum Einbau des luftgekühlten Leichtmetallmotors in Flugzeuge und Boote. Rennwagen-Konstrukteure nutzten die großen Leistungsreserven der Aggregate, um ohne großen Aufwand auf VW-Basis handliche Einsitzer (Monoposti) zu schaffen. Eine neue Motorsportkategorie entstand. Nicht selten waren die Rennen der Formel Vau und Formel Super Vau im Beiprogramm zum Grand Prix spannender als der Kampf in der Formel 1.

Mit der autobegeisterten Jugend, deren Liebe zum unverwüstlichen »Käfer« trotz seiner luftgekühlt lauten Maschine und dürftigen Heizung ungebrochen ist, ist das Auto jung geblieben. Am 15. Mai 1981 rollte das 20.000.000ste Exemplar vom Fließband – im VW-Werk Puebla in Mexiko.

Im August 1985 wurden im Hafen Emden, aus Mexiko kommend, 3150 Käfer angelandet – das letzte Kontingent für den europäischen Markt. Hier wird er jetzt nicht mehr verkauft. Es waren Jubiläumsmodelle: Am 17. Oktober 1985 feierte Wolfsburg den 50. Geburtstag des Volkswagens mit luftgekühltem Heckmotor und Käferkarosserie. Insgesamt sind bis heute 20,63 Millionen Volkswagen dieses Typs gebaut worden.

Do it yourself: Mit Ausnahme des Rohrgestänges für den Rahmen und der Kunststoffkarosserie stammen fast alle wichtigen Bauteile dieses Formel Vau »Rennwagens zum Selbermachen« aus VW-Modellen – für den Sport zurechtfrisiert. Namhafte Fahrer des heutigen Grand-Prix-Circus haben einmal auf diesen Wagen ihre Karriere gestartet.

Italienische Eleganz: Das Fahrgestell des VW-Käfers steckt auch unter der Alta-Moda-Karosserie dieses Coupés, das ebenso als Cabriolet erhältlich war. Der Turiner »Maßschneider« Ghia entwarf es für das Osnabrücker Unternehmen Wilhelm Karmann, das für Wolfsburg bereits das viersitzige Käfer-Cabrio baute.

Sandfloh: Aus den Wüsten Arizonas und Nevadas kam der Buggy, dessen Technik aus VW-Komponenten besteht, als Spaßvogel auch an Deutschlands Sommer-Sand-See-Strände.

22
DUNLOP
FIRE
NOACK

imp
VW·BUGGY

Aus der Autofabrik wird ein Weltunternehmen

Das Volkswagenwerk

Bestanden: Über insgesamt 2,4 Millionen Kilometer fuhren 1937 in einem scharf kontrollierten Test dreißig Prototypen (VW 30), und sie bestanden den Großversuch. Die Fahrzeuge hatten am Heck noch nicht das »Brezel-Fenster« der Serienlimousinen sondern Luftschlitze für die Motorkühlung. Bis auf dieses und andere Details war der Wagen produktionsreif. Doch wer sollte ihn bauen und wo?

Dreißig Prototypen des neuen Volksautos wurden 1937 durch Deutschland gehetzt, über Landstraßen, Autobahnen, durch Gebirgsserpentinen, und bewährten sich in dem groß angelegten Dauerversuch. Das mußten auch die strengen Kontrolleure des Reichsverbandes der Automobilindustrie (RDA) anerkennen, der auf wiederholte und nachdrückliche »Anregung« Hitlers mit Porsche 1934 den Konstruktionsvertrag geschlossen hatte. Seine Verbandsmitglieder sollten in ihren Fabriken das Auto in großer Serie produzieren.

In Betracht kamen eigentlich nur Opel in Rüsselsheim und Ford in Köln. Bedenklich aber erschien den NS-Planern, daß beide Unternehmen amerikanisches Eigentum waren und aus Detroit gemanagt wurden. Die beiden Firmen wiederum befürchteten von dem Billigauto fürs Volk Verkaufseinbußen für die eigenen Modelle. Auch der RDA machte – trotz technischer Anerkennung – kaum Hehl aus seiner Ablehnung des als NS-Propaganda empfundenen Projekts.

Als Adam Opel in der 27. Automobilausstellung im Februar 1937 in Berlin seine neuen »P 4« zum Preis von 1450 Reichsmark als »seinen Volkswagen« präsentierte, reagierte der verärgerte Hitler schnell und gründlich. Er übertrug noch im selben Monat der Deutschen Arbeitsfront (DAF) Planung und Durchführung der Autoproduktion. Es sollte eine neue, moderne Fabrik gebaut werden und dazu eine für qualifizierte Arbeiter attraktive Stadt mit hervorragender Wohnqualität.
Im Mai 1937 wurde bei der privaten Porsche GmbH in Stuttgart die Gesellschaft zur Vorbereitung des Volkswagens (Gezuvor) gegründet mit einem Stammkapital von 480 000 Reichsmark. Geplant wurde das Autowerk in der Berliner Zentrale der DAF, die für Sofortmaßnahmen aus ihren Mitteln 50 Millionen Reichsmark freigab.

Mit Trommeln und Fanfaren: Die Pimpfe des Deutschen Jungvolks standen stramm in Reih und Glied vor den großen Kulissen. Am Mast wehte die Führerstandarte. Adolf Hitler legte am Himmelfahrtstag 1938 im Allertal bei Fallersleben den Grundstein für das Volkswagenwerk und besichtigte anschließend das Gelände für den Bau der Stadt.

»Wie unser ganzes Land, so hat auch Volkswagen Probleme mit seiner Geschichte. Das Produkt, der Volkswagen, war zum ersten Mal heute vor 50 Jahren in einem Prototyp auf der Straße. Das Werk als politisches Instrument ist mit dem nationalsozialistischen Regime untergegangen«. (Dr. Carl Horst Hahn, Vorstandsvorsitzender der Volkswagen AG, anläßlich des 50. Geburtstages des VW-Käfers)

Baubeginn: Mit der Errichtung des Kraftwerks, das die Fabrik und die Stadt mit elektrischem Strom und Heizwärme versorgen sollte, begann am Nordufer des Mittellandkanals auch der Bau der ersten Produktionshallen.

In der Mitte Deutschlands

Für und gegen den Standort Wolfsburg gab es so viele Argumente, wie Interessengruppen – von der Reichsluftwaffe bis zur Forstverwaltung – in die Anhörung einbezogen waren. Über die meisten setzten sich die DAF-Auftraggeber ohne Prüfung hinweg. Sie wollten einen Standort etwa in der geographischen Mitte des Dritten Reiches, weil die Käufer möglichst ihren KDF-Wagen selbst abholen und nach Hause fahren sollten; weiter sollte ein aufnahmefähiges Verkehrsnetz vorhanden sein.
Ein Standort irgendwo am Mittellandkanal zwischen Elbe und Weser bot sich an und erhielt Vorrang vor mehreren anderen Vorschlägen in verschiedenen Regionen. Die südlich des Schlosses Wolfsburg vorhandenen, ideal anmutenden Voraussetzungen für eine Stadtgründung entschieden schließlich, das Autowerk am Kanal zwischen Fallersleben und Vorsfelde zu bauen. Stadt und Werk wurden bewußt von Beginn an als eine Einheit gesehen.
Geplant wurde ein Industriekombinat, das auch ein mehrgeschossiges Hotel für die Besucher und Wagenabholer, ein Stadion und Freizeitanlagen vorsah. Das auf Autarkie gerichtete Denken der NS-Wirtschaftler wurde in der angestrebten Fertigungstiefe sichtbar; so sollten auch Teile, die heute gekauft werden, wie z.B. Reifen, in eingegliederten Produktionsbereichen in Wolfsburg selbst hergestellt werden. Ein eigenes Kraftwerk sollte die Unabhängigkeit stärken und den riesigen Bedarf an elektrischer und Wärme-Energie im Kombinat decken, nicht zuletzt auch die Stadt versorgen.
Das Kraftwerk mit einem Hafen sollte im Osten, ein Gebäude für die Werksleitung im Westen die anderthalb Kilometer lange Front des Werkes am Nordufer des Mittellandkanals flankieren. Hinter ihr erstreckten sich vier kaum überschaubare Hallenkomplexe, von Werksstraßen und Bahngleisen in große Gebäudeblöcke aufgeteilt.

Die erste Baustufe

Ehe der Zweite Weltkrieg allen Arbeiten ein Ende setzte, wurde das Autowerk in der ersten Baustufe abgeschlossen. Das Kraftwerk war in Betrieb genommen, Porsche selbst hatte das Dampfventil der Turbine geöffnet. Ein Hallenkomplex zwischen Kanal und Mittelstraße war fertig. Aus dem kompakten, mit wetterfesten roten Ziegelsteinen verkleideten Südrandbau hatten die Architekten die Treppenhäuser nach vorn herausgezogen.

So gliederten sie die lange Gebäudefront in 22 Sektoren, die im Erdgeschoß Werkstätten und Versorgungsbetriebe der Fabrikinstandhaltung aufnahmen, auf der Hallenebene im ersten Stock luftige, hohe Kantinenräume und im Obergeschoß Verwaltungs- und Konstruktionsbüros. Am Westende entstand ein dreigeschossiger Direktionsflügel.

Er wurde 1959 durch das vierzehn Stockwerke hohe Verwaltungsgebäude ersetzt. Das Kraftwerk wurde leistungsstark erweitert und mit vier hohen Schornsteinen versehen. Die Südansicht der beeindruckend durchgestalteten Industriebauten war unverwechselbar und wurde später fast so bekannt wie die Silhouette des »Käfers«.

Bei Kriegsende jedoch lagen zwei Drittel der Hallen, die wegen Stahlmangels aus Beton errichtet worden waren, in Trümmern. Mehrere Tagesluftangriffe alliierter Bomber hatten sie 1944 zerstört. Der Schaden belief sich auf 156 Millionen Reichsmark. Beinahe unglaublich: Werk und Maschinenpark waren für die sich anbietende Massenproduktion von Kriegsfahrzeugen wenig genutzt worden; stattdessen wurden Schwimmbehälter für Panzer, Reservetanks und Teile für Flugzeuge, Bunkeröfen u. ä. gebaut.

Ohne Keller: Die Werkshallen wurden auf den planierten Boden gesetzt und bis hinauf zu den Sheddächern in Stahlbeton ausgeführt. Das Erdgeschoß nahm Belegschaftsräume, Materiallager und das Leitungsnetz für Ver- und Entsorgung auf. Im hohen Hallengeschoß wurden die Maschinen aufgestellt und die Fließbänder eingerichtet. Unter den Betonheds, deren Nordseite verglast war und Luft und Tageslicht hereinließ, transportierte ein System von Förderketten Autoteile vom Ort ihrer Herstellung zur nächsten Station ihrer Montage.

Zerstörung: Bei Kriegsende 1945 lagen zwei Drittel des Volkswagenwerkes Wolfsburg in Trümmern. In mehreren Tagesluftangriffen zwischen April und August 1944 zerstörten alliierte Bomber die Werkshallen. Ein Flugzeug, von der Luftabwehr (Flak) des Werkes getroffen, stürzte auf die Halle 1. Die Besatzung konnte rechtzeitig aussteigen und schwebte an Fallschirmen am Steimkerberg nieder.

Schmuck: Die vier neueren der heute 22 Eingänge zu den Treppenhäusern an der Südseite des Werkes blieben ohne Schmuck. Ansonsten zieren steinerne Reliefs beidseitig die Portale und bezeichnen namentlich und symbolisch die Gaue, in die der NS-Parteiapparat zwecks besserer Führung und Kontrolle sein großdeutsches Reich untergliedert hatte. Auf einigen Platten fehlen die Skulpturen: Sie wurden entnazifiziert.

Englische Offiziere starteten die Produktion

Nachdem noch im Mai 1945 deutsche Arbeiter begonnen hatten, die Maschinen aus den Trümmern herauszuholen und wieder zu betreiben, wurden die »Wolfsburg Motor Works« Reparaturwerkstatt für die im Krieg beschädigten Militärfahrzeuge der britischen Rheinarmee. Aus Teilen des KdF-Wagens, die beim Aufräumen gefunden wurden, ließen englische Offiziere die ersten zivilen Volkswagen-Limousinen bauen, für die Besatzungsmacht und die deutsche Post. Es war der eigentliche Beginn der Volkswagenproduktion.

Am 6. September 1949 verzichtete die Militärregierung auf die Kontrolle der bis dahin beschlagnahmten Vermögenswerte und übertrug die Verfügungsgewalt über die Volkswagenwerk GmbH Wolfsburg der jungen Bundesrepublik Deutschland. Die Bundesregierung beauftragte das Land Niedersachsen treuhänderisch mit der Wahrnehmung ihrer Rechte.

Zum Jahresbeginn 1948 bereits aber hatten die Engländer den 49jährigen Diplomingenieur Heinrich Nordhoff als Generaldirektor des Unternehmens eingesetzt. Der Autofachmann, für den Opels amerikanische Manager keine Verwendung mehr hatten, weil er während des Krieges die Lastwagenfabrik (»Opel Blitz«) der Firma in Brandenburg geleitet hatte, kam nach Wolfsburg trotz großer Bedenken und mit den alten Vorurteilen des früheren RDA gegen den Volkswagen.

Sedan de luxe: Für Heinrich Nordhoff hatte, als er 1948 nach Wolfsburg kam, der Käfer »mehr Fehler als ein Hund Flöhe«; sie wurden gründlich beseitigt. Und mehr: Mit besserer Ausstattung als die Standardlimousine kam ab 1949 ein »Exportmodell« vom Band, das als Sedan de luxe auch die ausländischen Märkte für VW zu »erobern« begann.

Ein Weltunternehmen

Als Nordhoff am Karfreitag 1968 starb, war das Unternehmen, das er in zwanzig Jahren aufgebaut hatte, der größte Autoproduzent nach den amerikanischen General Motors und Ford, der größte Kraftfahrzeug-Exporteur der Welt – und in der Bundesrepublik umsatzstärkste Aktiengesellschaft, größter Einkäufer, Devisenbringer und Steuerzahler. Aus den Trümmern von 1945 war ein Unternehmen der Superlative entstanden. Das Wolfsburger Stammwerk war der Welt größte Autofabrik unter einem Dach mit einer Rekordproduktion von täglich rund fünftausend Fahrzeugen.

Diese Dimensionen paßten allerdings nicht mehr in die von der Landwirtschaft und dem Mittelstand geprägten Strukturen des Bundeslandes Niedersachsen. Alle unternehmerischen Aktivitäten, an denen der Industriegigant mitwirkte, wurden zwangsläufig VW-lastig. Im weiten Umkreis entwickelte die Wirtschaft trotz planvoller Förderung nicht die erstrebenswerte Vielfalt wie in anderen Regionen.

Statt dessen verdichtete sich die Abhängigkeit von der äußerst konjunkturempfindlichen Automobilwirtschaft. Besonders galt das für Wolfsburg und sein Umland. Im Schatten des Stolzes über Leistung und Erfolg wuchsen Neid und Unbehagen. Angst kam hinzu angesichts der Tatsache, daß ein einziges Auto, der »Käfer«, mit seinem Welterfolg das gesamte Unternehmen trug. Noch warteten die Kunden geduldig bis zu zwei Jahre auf die Lieferung, weil die Fertigungskapazität nicht ausreichte. Was aber würde morgen sein?

Mit Gefühl: Solange Heinrich Nordhoff lebte, wurde jährlich auf dem Land zwischen der Werksfront und dem Mittellandkanal Roggen angebaut und von Bauersleuten geerntet. Der VW-Chef mochte den Blick aus seinem Bürofenster im 13. Stock des Hochhauses auf das Getreidefeld nicht missen. Seine »Arbeitskameraden«, wie er die Belegschaft anzusprechen pflegte, sollten das Aufbrechen des herbstlichen Stoppelfeldes unter dem Pflug, die Aussaat in der ersten Märzsonne erleben, den Sommerwind zwischen den hohen Halmen hören, wenn sie aus dem Maschinenlärm der Hallen herauskamen, von einer Arbeit, die keine Jahreszeiten, weder Tag noch Nacht, nicht Sonne, nicht Regen kennt. Oder war es Sparsamkeit? Landwirtschaftlich genutzte Flächen brachten in jenen EG-fernen Tagen Erträge, während die Pflege eines repräsentativen Rasens sehr aufwendig ist, wie jeder Eigenheimbesitzer weiß. Grübelei darüber wäre müßig: Heute bedecken mehrere flache Gebäude und Abstellflächen für Dienstwagen den ehemaligen Acker.

Partner: Die Straßen der gesamten Region rund um Wolfsburg wären ständig verstopft, wenn die Autofabrik auf ihnen das benötigte Produktionsmaterial heran- und die fertigen Fahrzeuge forttransportieren ließe. Obwohl deshalb fast alle An- und Ablieferungen über den eigenen Werksbahnhof mit der Eisenbahn abgewickelt werden, begegnet man nah und fern einer großen Zahl von Lastkraftwagen, die mit Stolz werben: »Wir fahren für VW und Audi«. Der Mittellandkanal gewann nicht die von den Werksplanern gedachte Bedeutung.

Heinrich Nordhoff: Der Unternehmer und sein größter Erfolg, VW-Käfer.

Blech: Der Stoff, aus dem die Autoträume sind. Der Stahlbedarf des Volkswagenwerkes ist groß. Zu Platinen geschnitten oder zu Coils aufgerollt, wie sie von der Walzstraße kamen, lagern Stahlbleche, bis sie in den Pressenstraßen verformt und verschweißt zu Autoteilen werden. Nicht nur für die Stahlindustrie an Rhein und Ruhr, für zahllose Zulieferunternehmen in allen Teilen Deutschlands und auch des Auslands ist das Volkswagenwerk einer der größten Abnehmer – und Arbeitgeber. Einer bewährten Faustregel zufolge verdoppelt sich die Zahl der eigenen Belegschaftsangehörigen, wenn man die Summe der Mitarbeiter in der Verkaufs- und Kundendienstorganisation addiert, und sie verdreifacht sich bei Hinzunahme der bei den Zulieferern für Volkswagen Beschäftigten. In der Bundesrepublik ist, statistisch betrachtet, jeder siebte Arbeitnehmer direkt oder indirekt für das Automobil tätig. Produktionseinschränkungen oder -unterbrechungen können große Teile der Volkswirtschaft lähmen, während eine gute Automobilkonjunktur sich nach mancher Rezession als Motor für wirtschaftlichen Aufschwung bewährt hat.

Höhepunkt: Aus der benachbarten Lackiererei kommen an Förderketten unter den Sheddächern die Karosserien in die Halle 12. Auf sechs parallel laufenden Bändern (Foto) erhalten sie ihre Innen- und Außenausstattung. Viele Handgriffe sind erforderlich, ehe am Ende der Bänder die Karosserien wieder von Förderketten abgehoben und auf die sechs Endmontagebänder zum Zusammenbau mit dem Fahrgestell umgesetzt werden. Fertigmontiert verlassen die Käfer die Endbänder mit eigener Motorkraft, um sich den peniblen Kontrolleuren der Endinspektion vorzuführen. In den Glanzzeiten wurden täglich rund fünftausend VW-Käfer produziert.

Export: Um in der Endmontagehalle 12 in Wolfsburg Bänder freizubekommen für neue Modelle, baute das Volkswagenwerk in Emden eine neue Fabrik für die Endfertigung jener Käfer, die per Schiff – vor allem nach Nordamerika – exportiert wurden. Die Auslandsgeschäfte gingen gut; zwei Drittel der Produktion wurden exportiert, die Hälfte davon in die USA. Nur wenige hundert Meter lagen zwischen den Endmontagebändern der Autofabrik am Meer und dem Außenkai des Emder Hafens. Eine stolze Flotte fuhr in Charter für das Volkswagenwerk und führte das VW-Zeichen am Schornstein.

Hochzeit: So nannten die VW-Arbeiter den großen Augenblick, der sich auf jedem der sechs Endmontagebänder alle zweieinhalb Minuten wiederholte – die fertig ausgestattete Karosserie wird aus der Förderkette ausgeklinkt und auf das fertig montierte Fahrgestell mit seinem Heckmotor gesetzt und verschraubt. Nun fehlen nur noch fünf Räder, Lenksäule und -rad, die Sitze und ein paar Liter Benzin im Tank für die Testfahrt auf dem Rollenprüfstand und weiter zur Verladung auf Doppelstockwaggons des Eisenbahnzuges. Zu diesem Zeitpunkt steht schon fest, welcher VW-Händler, welcher ferne Importeur den Käfer erhalten wird, der hier seine »Hochzeit« hat.

Neue VW-Werke

Aus dieser Situation heraus und wegen des Arbeitskräftemangels erweiterte das Unternehmen sein Zweigwerk aus Vorkriegstagen in Braunschweig, vor allem aber errichtete es neue große Betriebe. So wurden für die (1950gestartete) Transporterfertigung 1956 und für den Motorenbau 1958 in Hannover zwei Werke gebaut, die für eine Erweiterung der Pkw-Produktion im Stammwerk Wolfsburg Raum und Arbeitskräfte freimachten. 1958 wurde auch die Aufbereitung gebrauchter Aggregate für den preiswerten Austausch herausgenommen und zusammen mit der Ersatzteile-Fertigung für ältere Käfer-Jahrgänge nach Kassel-Altenbauna verlagert.

Da Anfang der 60er Jahre zwei Drittel exportiert wurden, ein Drittel der Produktion allein in die USA, bot es sich an, diese Fahrzeuge küstennah montieren zu lassen. Nach heftigem Wettbewerb aller norddeutschen Hafenstädte fiel die Entscheidung für das niedersächsische Emden; dort rollte am 1. Dezember 1964 der erste »Käfer« aus dem neuen Werk direkt zur Verschiffung an den nahen Verladekai.

Mit dem Bau des sechsten inländischen VW-Werkes in Salzgitter schließlich verschaffte sich das Unternehmen Raum für die Erweiterung des Modellangebots und den flexiblen Aufbau der dringend erforderlichen neuen VW-Generation mit frontgetriebenen, wassergekühlten Reihenmotoren in neuen Karosserien.

Nur noch Fabrikstadt?

In jener Zeit – der frühere Generalstabsoffizier und ehemalige Chef eines Elektrokonzerns, Kurt Lotz, hatte 1968 Nordhoffs Erbe angetreten – reifte in den Vorstandsetagen des VW-Hochhauses der Plan, die Konzernverwaltung und die Verkaufsabteilungen aus dem Abseits in Wolfsburg herauszulösen und für sie in der Nähe des internationalen Verkehrsknotenpunktes und der Wirtschaftsmetropole Frankfurt am Main ein neues »Hauptquartier« zu schaffen.

Ebenso sollte das neu zu bauende Zentrum für Forschung und Entwicklung weitab von der Produktion, dem modernen Windkanal und dem gerade eingerichteten riesigen Ver-

Entwicklungshilfe: Nicht nur im Inland baute das Unternehmen neue Werke, auch in anderen Teilen der Welt vornehmlich der dritten Welt, entstanden neue Produktionsstätten. Viele Ingenieure und Meister, auch aus der weltweiten Kundendienstorganisation, kamen zur Ausbildung in das Wolfsburger Stammwerk – nützliche Entwicklungshilfe vielfacher Art.

suchsgelände am Südrand der Lüneburger Heide in das »attraktivere« bayerische Voralpenland gelegt werden.
Ob Rat und Verwaltung der Stadt diesen für das weitere Schicksal Wolfsburgs verhängnisvollen Schritt aufgehalten hätten? Die »Männer der ersten Stunde« in Werk und Stadt hatten die Altersgrenze erreicht und waren durch eine neue Führungsmannschaft ohne sonderliches Interesse an Wolfsburg ausgetauscht worden. Am Widerstand des Landes Niedersachsen, Großaktionär des VW-Konzerns, scheiterte der Auszug aus Wolfsburg.

Motor der Industrialisierung

Auch im Ausland – in Europa und Übersee – werden und/oder wurden Volkswagen gebaut, so u. a. in Belgien und Jugoslawien, USA, Mexiko, Brasilien, Argentinien, Nigeria, Ägypten, Tunesien und Südafrika, lange Zeit auch in Australien.
In diesen Ländern und Regionen bestimmten andere Gründe als in Deutschland den Bau neuer Werke oder die Übernahme vorhandener Anlagen:

Die einen suchten Beschäftigung für ihre Arbeitslosen, andere hatten nicht die Devisen für den Import fertiger Autos, der nächste Markt wiederum ließ sich am besten aus einer landeseigenen Produktion heraus versorgen. Aus handelspolitischen Gründen betreiben Generalimporteure VW-Montagewerke in Uruguay, Peru, Portugal, Indonesien, Malaysia, Kenia und Simbabwe.

Im Inland wie im Ausland aber galt: Wo immer das Volkswagenwerk Autos baute, war es Motor wirtschaftlichen Aufschwungs. Oft, wie zum Beispiel in Brasilien und Mexiko, entstand rund um das neue VW-Werk eine Zulieferindustrie mit vielen Arbeitsplätzen.

Doch nicht nur im Produktionsbereich, auch auf dem Dienstleistungssektor wuchsen die weltweiten Aktivitäten des Konzerns. Als erstes Tochterunternehmen entstand 1949 die VW-Finanzierungs-Gesellschaft (heute Kreditbank), ihr folgten die gemeinnützige VW-Wohnungsbau, später die große VW-Siedlungs-Gesellschaft. Es formierten sich Gesellschaften für europaweite Autovermietung (interRent), Leasing und Warenhandel (VOTEX).
Die Konzernbereiche Transportwesen, Versicherungen, das Kraftwerk, ein eigenes Marketing Management Institut werden heute teilweise oder ganz als Tochtergesellschaften geführt. Die umfangreichen Aufgaben der ehemals 70 Großhändler im Inland übernahmen zwölf Vertriebszentren, an deren Gesellschaftskapital das Volkswagenwerk mit einer Sperrminorität finanziell beteiligt ist.
Auf einigen ausländischen Märkten entstanden eigene Vertriebsgesellschaften, so in Kanada, Frankreich und Spanien. In Schweden fanden sich Importeur und Produzent in einer gemeinsamen Vertriebsgesellschaft. In Italien übernahm VW das Geschäft des Importeurs. Die großen »Töchter« USA, Brasilien und Mexiko betreiben neben den Produktionswerken ebenfalls Untergesellschaften für Vertrieb und Dienstleistungen.

Neue Generation: Lange wurde gerätselt, wie wohl einst der Nachfolger des Käfers aussehen müßte, und es wurde gebangt, ob er den Riesenerfolg des »Weltmeisters« fortsetzen würde, ob er die in der Bundesrepublik und in aller Welt aufgebaute gewaltige technische Produktionskapazität rentabel auslasten und die Arbeitsplätze sichern könnte. Heute ist die Frage beantwortet: Zwei Modelle teilen sich die Nachfolge in der Käfer-Klasse: Es sind hauptsächlich der VW-Golf (1) und – zur Absicherung der Programmskala nach unten – der VW-Polo (2), die für den differenzierter gewordenen Geschmack und die mehr oder weniger gefüllten Geldbeutel der Käufer mit unterschiedlicher Ausstattung und Motorenleistung angeboten werden. Den beiden Modellen mit Schrägheck wurden Ausführungen mit dem klassischen Stufenheck zur Seite gestellt: Dem Golf der Jetta (3), dem Polo zunächst der Derby (4). Nicht nur die einstigen Freunde des Karmann-Ghia-Coupés sondern viele neue Fahrer dazu gewann der VW-Scirocco (5) (auf Basis des Golf), wenn sie sich nicht für das schnelle Polo-Coupé (6) entschieden. Die »offene Gesellschaft«, die noch heute der Produktionseinstellung des viersitzigen Käfercabriolets nachtrauert, wird ein Golf mit solidem, wetterfestem und überrollsicherem Faltverdeck (7) angeboten.
Zur Auslastung der Produktionskapazität erweiterte das Unternehmen die Modellpalette um den VW-Passat als Schrägheck-limousine (8), als Kombifahrzeug Variant (8) und um den VW-Santana (9) als dem Spitzenmodell in der VW-Reihe. Der Derby und der Santana sind seit Anfang 1985 Bestandteil der Polo- bzw. Passat-Modellreihe. Daneben bietet der VW-Konzern über dieselbe Verkaufs- und Kundendienstorganisation eine zweite Produktlinie unter dem Traditionsnamen Audi an, die in der Mittelklasse ansetzt und bis in die gehobenen Preisklassen reicht.

1

2

3

4

5

6

7

8

8

9

Auto Union und NSU kommen hinzu

Eines der bedeutendsten Kapitel in der Geschichte des Unternehmens und der europäischen Autoindustrie aber ist der Kauf der traditionsreichen Auto Union GmbH (Audi, DKW, Horch, Wanderer) von der Daimler Benz AG Anfang 1965 und ihre Vereinigung mit NSU im Herbst 1969. In schwieriger Zeit sicherte sich das Volkswagenwerk nicht nur Produktionskapazität einschließlich eingearbeiteter Fachkräfte in bestehenden Werken (Ingolstadt und Neckarsulm), sondern ebenso: tüchtige Konstrukteure und Ingenieure für Entwicklung und Versuch, erfahren mit anderen technischen Konzeptionen als Porsches Heckantrieb und Luftkühlung, und ein fast produktionsreifes Auto – den K 70.

In Wolfsburg wurde es auch höchste Zeit für eine neue Autogeneration. Nunmehr konnte in dem engmaschigen Verkaufs- und Kundendienstnetz, das fast die ganze Welt umspannt, das Unternehmen zwei Modellreihen anbieten, VW und Audi. Heute umfaßt das Pkw-Verkaufsprogramm in allen Größenklassen und Typen, vom kompakten Polo bis zum repräsentablen Audi 200 quattro, Limousinen, Coupés, Kombis, Cabriolets, Geländewagen – und weiterhin (allerdings nicht mehr in Europa) den »Käfer«.

Parkplatz: Es ist einer von mehreren rund um das Volkswagenwerk Wolfsburg, auf denen die Mitarbeiter während der Schicht ihr Fahrzeug abstellen. Werksangehörige erhalten alle Modelle des VW-Konzerns, die auf dem Inlandsmarkt angeboten werden, mit einem Preisnachlaß. Ein Jahr lang müssen sie den Wagen behalten, danach können sie sich einen neuen kaufen. Meistens finden die auf dem freien Markt angebotenen »Jahreswagen« der Werksangehörigen bald einen Käufer, seltener erlösen sie noch die stolzen Verkaufssummen, die es früher den Erstbesitzern ermöglichten, das Pflichtjahr kostenlos zu fahren und bei der Neuanschaffung nichts mehr draufzuzahlen. Vielleicht ist das der Grund dafür, daß nicht mehr alle VW-Angehörigen jedes Jahr einen neuen Wagen übernehmen, sondern den alten länger fahren. Das zeigt der Blick über die Abstellfläche, der ein Blick zurück in die Modellgeschichte der Umstellungsphase ist: Natürlich mangelt es nicht an Käfern, aber da sind auch noch die unverwüstlichen Variant(en) des VW 1600 (Typ 3) und des VW 412, der VW K 70 und der Audi 60, aber auch schon Passate, Golf und Polo. Die Fremdfabrikate sind schnell gezählt – und wieviele sind es? Der VW-Achtsitzer kann eine größere Pendler-Fahrgemeinschaft aufnehmen; er ist Privatwagen für große Familien geworden.

Gemeinsamkeit: Es kam darauf an, zusammenzustehen und in einer großen, gemeinsamen Anstrengung das VW-Unternehmen wieder in ruhigeres Fahrwasser zu steuern, als in Verbindung mit der ersten großen Erdölkrise und dem Produktionsbeginn für eine neue VW-Generation das Volkswagenwerk in eine bedrohliche Krise geriet und die Belegschaft um rund 20000 Mitarbeiter verringert werden mußte. Nicht immer waren in allen VW-Werken die Betriebsversammlungen so ruhig wie diese in Wolfsburg, als der damalige Bundeskanzler Helmut Schmidt das Werk besuchte. In der ersten Reihe von links nach rechts: VW-Aufsichtsratsvorsitzender Hans Birnbaum, VW-Gesamtbetriebsratsvorsitzender Siegfried Ehlers, der Bundeskanzler, VW-Vorstandsvorsitzender Toni Schmücker und Helmut Simson, von 1974 bis 1976 Oberbürgermeister der Stadt Wolfsburg.

Die neue Autogeneration rollt

Diese noch unter Kurt Lotz eingeleitete Phase der technischen Umstellung und Erneuerung wurde von Rudolf Leiding, der 1971 die Leitung des Gesamtunternehmens übernahm, mit Nachdruck vorangetrieben.
Ab 1973 brachte er in kurzen Abständen die neuen VW- und Audi-Modelle mit großem Erfolg auf den Markt. Der Automobilingenieur Leiding setzte seine Energie und seine fachlichen Erfahrungen ein, die er seit Arbeitsbeginn für VW nach dem Kriege im Aufbau neuer Werke und in der Unternehmensleitung in Kassel, Ingolstadt und Brasilien gesammelt hatte.

Als er 1975 ausschied, hatte er in einem Kraftakt ohnegleichen das Unternehmen davor bewahrt, an der verzögerten Modell- und Produktionsumstellung zu scheitern und unterzugehen. In der Geschichte des Volkswagenwerkes gilt er als »Vater der neuen, erfolgreichen VW-Generation«. Er schaffte, was auch Fachleute unter den Ingenieuren und Kaufleuten schon nicht mehr für möglich gehalten hatten.

Am Rande des Konkurses

Doch noch war die Gefahr nicht gebannt. Auf Toni Schmücker, der bei Ford gelernt und Karriere gemacht hatte, ehe er zur Sanierung des Rheinstahlkonzerns aufgefordert wurde, warteten Schwierigkeiten in ungeahnter Größenordnung, als er 1975 von der Ruhr nach Wolfsburg kam: Die Entwicklung eines breitgefächerten neuen Modellprogramms und die erforderliche Produktionsumstellung in allen Werken hatten die bis dahin stets gefüllte Kasse des Unternehmens auf das äußerste strapaziert. Als nun auch noch die erste große Ölkrise weltweit den Automobilverkauf schrumpfen ließ, gab es »Feierschichten« für die Arbeitskräfte, und die teuren Anlagen wurden nicht mehr ausgelastet.
Dem Unternehmen drohte Zahlungsunfähigkeit. Insgesamt 25000 Mitarbeiter mußten im Rahmen eines Sozialplanes ausscheiden. Die Stilllegung von Werken drohte in Emden und Neckarsulm. Doch der »Gigant« erholte sich schnell wieder und wuchs weiter.

Roboter im Einsatz

Spätestens seit diesem Schock war der Öffentlichkeit und den erfolgsverwöhnten Mitarbeitern im Unternehmen die Anfälligkeit des VW-Konzerns gegenüber weltweiten Wirtschaftskrisen voll bewußt.
Es galt, sich nach innen wie nach außen bestmöglich zu sichern.
In seinen Werken versuchte das Unternehmen, seine Produktionskosten im scharfen Wettbewerb mit der Konkurrenz (vor allem aus Japan) im Griff zu halten.
Auf ersten Transferstraßen für Dach, Seitenteile, Türen, Getriebe- und Motorgehäuse des »Käfers« hatte Wolfsburg schon 1958 mit der Automatisierung der Fertigung begonnen. Die Entwicklung der Elektronik ließ jährlich weitere Verfeinerungen zu. Heute ermöglichen Mikroprozessoren den Einsatz von Industrierobotern an den Montagebändern.

Das Produktangebot wurde erweitert. Zu den Benzin- kamen Dieselmotoren, elektronisch gesteuerte Einspritzer, 16-Ventiler Turbos; Flüssigkeitskühlung drängte die Luftkühlung zurück; vollautomatische Getriebe werden heute auch in kleinen Wagen angeboten. Im Vierradantrieb für Personenwagen sind Audi und Volkswagen führend in der Welt. Einige Aggregate waren – wie früher schon der luftgekühlte »Boxer« – als stationäre und mobile Industriemotoren geeignet. Andere wieder – wie z. B. die Getriebeautomatik – fanden Interesse und Absatz bei anderen Autoherstellern und werden auch der Konkurrenz geliefert.

Handarbeit: Auf jeder Seite der Presse standen zwei Männer und legten mit der Hand die Teile – hier die Motorhaube – ein, nahmen sie nach der Verformung mit den Händen wieder heraus und reichten sie den Kollegen an der nächsten Presse weiter.

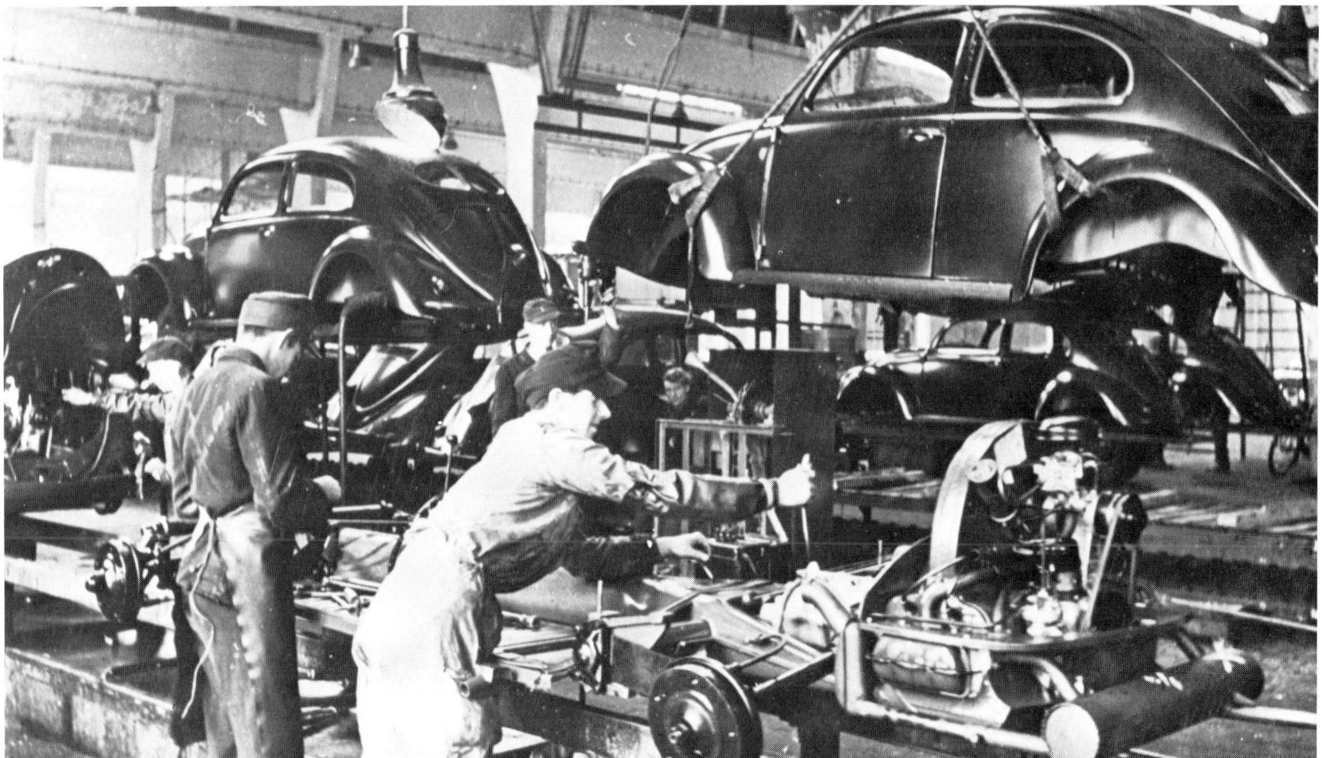

Erinnerungen: So hatte es angefangen, ein kurzes Band für das Fahrgestell, Endmontage fast in Einzelfertigung.

Kooperation: Dieser Grundstein wurde in Anting, einem Vorort vierzig Kilometer nordwestlich des Stadtzentrums von Shanghai aufgestellt. Hier sollen ab 1987 mindestens 30 000 VW-Santana für die Volksrepublik China gebaut werden. Es ist ein weiterer Grundstein in der Geschichte des Wolfsburger Unternehmens, auf den große Erwartungen gesetzt werden: Grundstein für die Zusammenarbeit mit dem Land mit der größten Bevölkerung und einem weiten Weg bis zur Volksmotorisierung. Der VW-Vorstand und sein Vorsitzender Carl Horst Hahn erzielten diesen Erfolg gegen schärfste internationale Konkurrenz. – Wird Anting einst das chinesische Wolfsburg, eine Volkswagenstadt, werden?

Kooperation auch mit Fernost

Zur ersten Generation leichter Transporter mit luftgekühltem Heckmotor, die sorgsam weiter entwickelt wurde, gesellte sich 1975 der Lastentransporter »LT« in drei Gewichtsklassen. An dieses Programm konnten sich dann 1979 Lastkraftwagen mit sechs bis neuen Tonnen zulässigem Gesamtgewicht aus der Kooperation VW-MAN anschließen. Zu Abkommen über eine Zusammenarbeit kam es auch mit den Herstellern Nissan in Japan und SEAT in Spanien. 1982 wurde ein Probemontage- und später ein Grundlagenvertrag für ein gemeinsames Unternehmen mit der Shanghai Tractor & Automobile Corporation sowie der Bank of China geschlossen.

In der »Großen Halle des Volkes« in Peking wurde am 10. Oktober 1984 in Anwesenheit des Bundeskanzlers Kohl der entscheidende Kooperationsvertrag unterschrieben und mit Handschlag besiegelt. Danach wird die bereits angelaufene Montage des Santana im Werk Shanghai stufenweise bis 1987 auf mindestens 30 000 Fahrzeuge jährlich gesteigert, bis 1991 wird eine Jahresfertigung von 100 000 Motoren aufgebaut. Soweit diese Motoren nicht in den Santana eingebaut werden, sollen sie im internationalen Lieferverbund des VW-Konzerns verwendet werden. Es handelt sich um die erste Stufe des Vertrages. Am Grundkapital von 200 Millionen DM des Gemeinschaftsunternehmens, der Shanghai Volkswagen Automotive Company Ltd., sind die Volkswagen AG (50%), die Shanghai Tractor and Automobile Corporation (25%), die Shanghai Trust and Consultancy Company (15%) und die China National Automotive Industry Corporation (10%) beteiligt.

Zur Zukunftssicherung des Unternehmens gehört, außer in den Produkten und ihrer erstklassigen Fertigung, deren Qualität den Autokäufern langfristig garantiert wird, auch in der Technologie die Nase vorn zu haben. Nur so kann ein Autohersteller den sich ständig verschärfenden Bestimmungen für optimale Fahr- und Insassensicherheit wie engagierten Umweltschutz, vor allem die Schadstoffminderung in den Abgasen, gerecht werden.

Vom Einsatz der Mikroelektronik im Auto bis zur Verwendung neuer Treibstoffe und alternativer Antriebsarten reichen die Vorgaben, die sich die Wissenschaftler und Praktiker im Forschungs- und Entwicklungszentrum des Unternehmens in Wolfsburg stellen. Lösungen, die eines Tages in Serie gehen können, zeigte schon 1981 der VW 2000, eine vom Bundesforschungsministerium geförderte Studie für das Auto des nächsten Jahrtausends.

Nur für seine Forscher baute das Volkswagenwerk neben der »Entwicklungsfabrik« ein Denkzentrum. Für mehr als 600 Mitarbeiter, die hier tätig sind, ist es ihre VW-Universität, auch wenn Lehre und klassische Grundlagenforschung draußen bleiben.
Dem Automobil der Zukunft und der Zukunft des Automobils gelten praxisorientierte Studien. Die VW-Forscher freuen sich, wenn sie dabei auch auf ganz andere Produkte stoßen: eine Energie sparende Wärmepumpe, eine Meerwasserentsalzungsanlage, mobile Sonnenkollektoren, eine Biogasanlage für Landwirte und Spezialkameras zum Beispiel.

Geburtsort: Als ein gar nicht so kleines eigenständiges Werk stellt sich das Entwicklungszentrum – hier noch ohne das neugebaute Forschungszentrum – dar, in dem zu Beginn der 70er Jahre die neue VW-Generation geboren wurde. Unter einem Dach wurden die Abteilungen für Styling, Konstruktion, Versuchsbau und Versuch in diesem Gebäude im Westen des Wolfsburger Werksgeländes zusammengefaßt. Hier befindet sich auch der Windkanal. Das helle Betonband der Ostkurve seiner Schnellbahn verrät das sonst vor fremden Blicken geschützte kleine Versuchsgelände. Ein zweites, mehr als zehn Quadratkilometer großes Areal steht in den ausgedehnten Wäldern nördlich Wolfsburg zur Verfügung.

Vorstoß in eine andere Branche

Der Absicherung des VW-Konzerns sollte auch der kühne Vorstoß in eine völlig andere zukunftsträchtige Branche dienen, den die wiedergewonnene hohe Liquidität des Unternehmens ermöglichte: Die Volkswagen AG erwarb 1979 eine Mehrheitsbeteiligung an der Triumph-Adler AG für Büro- und Informationstechnik in Nürnberg. Die Firmengruppe, die auch in den USA Betriebsstätten unterhält, entwickelt, produziert und vertreibt Büromaschinen und Computer der unteren und mittleren Datentechnik.
Das Angebot umfaßt Schreib- und Rechenmaschinen, Kopiergeräte, Text- und Computer-Systeme, Software und Bürobedarf. Aus der Forschungsarbeit im Bereich Mikroelektronik des Computerherstellers erwartet der Fahrzeugbauer in Wolfsburg auch Erkenntnisse und Entwicklungen, die sich im Automobil und seiner Fertigung anwenden lassen.

Nach einem Herzinfarkt mußte Toni Schmücker den Vorsitz im VW-Vorstand abgeben. Im VW-Aufsichtsrat aber steht der verdienstvolle, international erfahrene Unternehmer der Gesellschaft weiterhin zur Verfügung.
Die Zukunftssicherung des Unternehmens und der darin beschäftigten Menschen wurde 1982 Carl Horst Hahn anvertraut, der sich in den 50er Jahren dem Volkswagenwerk angeschlossen hatte. Er wurde als President der Volkswagen of America Vater des VW-Erfolges in den USA und besorgte später im Wolfsburger Vorstand das Ressort Vertrieb.
Die großen wirtschaftlichen Probleme überall in der Welt und ihre Auswirkungen auf die Beschäftigung belasten heute die Unternehmensführung mehr als je zuvor. Mit einem interessanten Produktprogramm, weit in die Zukunft reichenden Entwicklungen und – vor allem – qualifizierten Mitarbeitern auf allen Ebenen will das Unternehmen die Herausforderungen auch weiterhin meistern.

Zukunftsträger: So könnte das Auto aussehen, mit dem das nächste Jahrtausend beginnt. Unter seiner gar nicht so ungewöhnlichen Karosseriehaut trägt die Studie eine Reihe technischer Lösungen, die nach Erprobung und Bewährung eines Tages vielleicht in die Serienfertigung aufgenommen werden können.

Stadt und Werk vor neuen Herausforderungen

Ausblick

Am Anfang war das Auto! Bald fünfzig Jahre sind vergangen, seit der Bau des Volkswagenwerkes die Gründung der Stadt Wolfsburg veranlaßte. Was wird morgen sein? Tiefgreifende Änderungen nahezu aller Strukturen zwingen auch die Wolfsburger, nach der Zukunft ihrer Autostadt zu fragen. Und das ist zunächst die Frage nach der Zukunft des Autos, das 1986 hundert Jahre alt ist.

Die Motorisierung in jenen Ländern der Welt, deren Bevölkerung privat einen Personenwagen kaufen und fahren kann, darf als weitgehend abgeschlossen gelten. Dazu hat das Volkswagenwerk mit dem »Käfer« und seinen nachfolgenden Volksautos – Golf und Jetta, Polo und Derby – wesentlich beigetragen. Diesem Erfolg in der Vergangenheit verdankt heute das Unternehmen seine Größe und Marktbedeutung – die immer noch junge Stadt ihre Blüte.

Um den geringeren Zuwachs an Erstkäufern und um den Ersatzbedarf, der allein in Europa auf beachtliche neun Millionen PKW jährlich geschätzt wird, kämpfen in scharfer Konkurrenz die Autohersteller der Welt. Marktbedeutung ist ein Vorteil, am Ende entscheiden die Leistung und ihr Preis. Es ist ein Kampf um das Fortbestehen. Dort, wo es keine staatlichen Subventionen für nationale Hersteller und keine »Schutzmaßnahmen« für Märkte gibt, werden nur die Unternehmen sich behaupten, die finanziell gesund und investitionsstark sind, deren Mitarbeiter in ihrem Können und Wissen, im Talent und Mut zur Innovation überlegen sind, deren Organisationen ohne Leerlauf und Reibungsverlust schnell und höchst beweglich operieren. Am Ende werden es nur wenige Hersteller sein.

Aerodynamisches Versuchsfahrzeug: Noch keinen Meter hoch, fünf Meter lang, Sechszylinder Turbo-Diesel mit 2,4 Liter Hubraum und 129 kW (175 PS) Leistung, am Bug Flügel gegen Auftrieb, am Heck Flossen zur Richtungsstabilisierung – das schnelle Gerät wurde in Wolfsburg gebaut und eingesetzt zur Erforschung der Zusamenhänge zwischen Karosserieformen und Kraftstoffverbrauch. Ergebnis: Luftwiderstandsbeiwert (cw) 0,15 und jede Menge Geschwindigkeits-Weltrekorde.

Maßarbeit: Wer auch in aller Zukunft stets das rechte Auto zur rechten Zeit auf den Markt bringen möchte, muß dafür sorgen, daß die langen, beheizten Zeichentische mit Konstruktionspapieren bedeckt bleiben und daß den Mitarbeitern in der Styling-Abteilung Fantasie und Ideen nicht ausgehen.

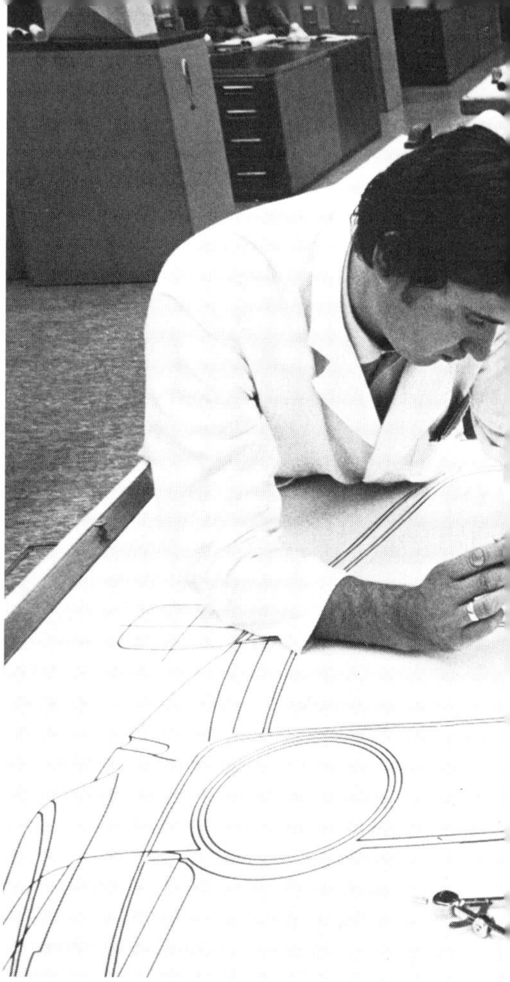

Volkswagen hat sich gut vorbereitet

Wird Volkswagen dazugehören? Wolfsburg kann diese Schicksalsfrage bejahen. Das Unternehmen ist nach der schweren Krise Mitte der 70er Jahre im Kern gesund. In der Technischen Entwicklung verbindet sich solide Konstruktionsarbeit mit zielgerichteter Kreativität; die Forschung greift weit in die Zukunft, um die technologischen Herausforderungen von morgen zu meistern. Die Produktion wird zügig dem fertigungstechnischen Fortschritt und zeitgemäßer Arbeitsorganisation angepaßt; dazu gehört auch das Bemühen, die Arbeit mehr nach wissenschaftlichen Erkenntnissen menschenbezogen zu gestalten und an den Sinn-Vorstellungen einer jungen Generation Werktätiger auszurichten. Ziel dieser oft revolutionär anmutenden Veränderungen in den Werkhallen ist es, die Qualität zu erhöhen und die Kosten wettbewerbsfähig niedrig zu halten.
Auf Qualität und Wettbewerbsstärke wird gleichermaßen im Verkauf, Kundendienst und in der Ersatzteileversorgung geachtet. In wichtigen Regionen und in aufnahmestarken Automobilmärkten produzieren oder montieren – oft unter großen Schwierigkeiten und finanziellen Belastungen – eigene Fabriken Volkswagen, Personenautos und Lastkraftwagen, sichern VW-Tochterunternehmen den Vertrieb, werden in Kooperationen mit anderen Gesellschaften, auch mit Wettbewerbern, Verständigung und Austausch gesucht.
Schließlich kommt es immer wieder zu Gesprächen, die auf weitere Stärkung der eigenen Position durch die Übernahme anderer Automobilproduzenten abzielen. An Selbstbewußtsein mangelt es den Wolfsburgern nicht, wie Anfang der 80er Jahre die Kontakte zwischen Toni Schmücker und dem Management des damals angeschlagenen, jetzt wieder gesunden US-Konzerns Chrysler deutlich machten. Zur Mitte dieses Jahrzehnts geht es den Wolfsburgern auf dem europäischen Kontinent um den spanischen Autohersteller SEAT. Die Verhandlungen sind schwierig und ziehen sich in die Länge. Gleichzeitig fassen FIAT in Turin und Ford in Detroit – bis jetzt ohne sichtbaren Erfolg – einen atlantischen Brückenschlag ins Auge. Auch der Einstieg in andere Industriezweige mit hoher Technologie wie Flugzeug- und Triebwerkebau lockt die Fahrzeugproduzenten; General Motors in den USA und Daimler Benz in der Bundesrepublik praktizieren bereits ein Engagement mit den Flugzeugbauern ihres Landes. Daimler will sich außerdem mit dem AEG-Konzern verbinden. Seine eigenen Erfahrungen in branchenfremder High-Tech-Industrie machte Volkswagen bereits in den 70er Jahren, als der Konzern mit der Übernahme von Triumph-Adler in die Elektronik- und Computerbranche einstieg.

Strukturveränderungen überall: Die großen Unternehmen diversifizieren; Innovation erhält Vorrang vor der Produktion; die elektronisch gesteuerte, apparativ ausgeführte Fertigung kommt mit weniger Menschen in den Werkhallen aus. Die geringer werdende Zahl von Arbeitsplätzen muß mit sehr gut ausgebildeten Fachkräften besetzt werden, die höherwertige Aufgaben zu erfüllen haben.
Auch in Wolfsburg ist das spürbar. Die Zahl der unmittelbar in der Produktion beschäftigten Arbeitskräfte nimmt permanent ab. Für die Zukunft der Volkswagenstadt ist daher entscheidend, daß das Unternehmen alle Bereiche in Wolfsburg beläßt, die nicht unmittelbar an der Produktion beteiligt sind. Das gilt vor allem für die Unternehmensverwaltung, die Forschung und Entwicklung, Logistik und Materialwirtschaft, Marketing und Absatzsteuerung, das zentrale Finanz- und Personalwesen, Aus- und Weiterbildung sowie für die Dienstleistungsgesellschaften, soweit sie nicht schon wie VAG Kreditbank, Leasing und InterRent in Braunschweig und Hamburg Quartier genommen haben. Seit den ersten konkreten Umsiedlungsplänen 1970 bis heute werden die geographischen Nachteile des für einen Weltkonzern ungünstigen Standortes Wolfsburg vorgetragen; mit zunehmender Installation und Nutzung des Netzwerks elektronischer Kommunikationseinrichtungen wird sich die Überzeugungskraft dieser Argumente abschwächen und auflösen.

Geisterfabrik: Nein, auch in der Halle 54 des Volkswagenwerkes Wolfsburg, in der Handhabungsautomaten, wie die Ingenieure ihre Roboter nennen, den neuen Golf zusammenbauen (hier: Kühlergrill mit Scheinwerfern), geht es nicht ohne den Menschen. Zwar entledigte er sich jener Arbeiten, die der Automat ihm abnehmen kann, dafür kann er sich für kompliziertere und interessantere Aufgaben ausbilden lassen und sie zum Inhalt seines beruflichen Alltags machen. Nach der fast vollständigen Mechanisierung im Preßwerk, der Montage von Komponenten und der Lackiererei begann mit dem Einzug modernster Automatisierungstechnik in die Endmontage die Zukunft auch in diesem Produktionsbereich. Schon bei der Konstruktion des neuen Golf wurden die Anforderungen der neuen Fertigungstechnologie bedacht und erfüllt.

Stärkung der zentralörtlichen Bedeutung: Zu dem Stadthallenmehrzweckbau von 1958 sind inzwischen mit Sportbauten, Theater und Planetarium Gebäude für spezielle Nutzungen entstanden, die einen Umbau zu einer reinen Kongreß- und Festhalle ermöglichen.

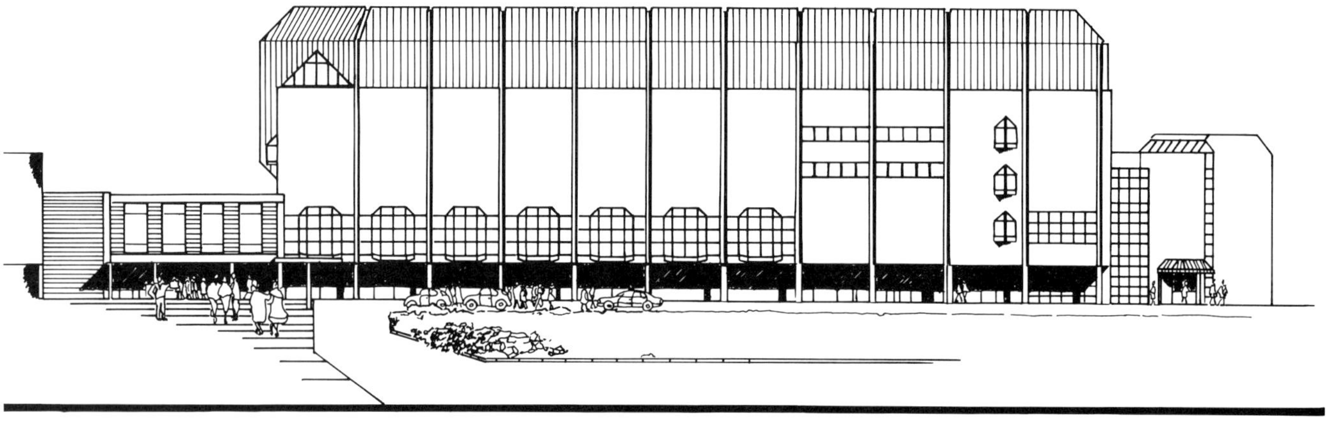

Urbaner und attraktiver

An Bedeutung gewinnen werden jedoch die Wohn- und Lebensbedingungen in dieser Stadtlandschaft mit ihren großstädtischen, kleinstädtischen und dörflichen Quartieren. Für die gegenwärtige Phase eines leichten, doch störungsanfälligen Wirtschaftswachstums in der Bundesrepublik und einer Stagnation der Bevölkerungszahl in Wolfsburg formulieren denn auch Oberstadtdirektor Prof. Dr. Peter Lamberg und Stadtbaurat Dipl.-Ing. Sigurd Trommer, Mitglied der Deutschen Akademie für Städtebau und Landesplanung, ihre Zielsetzung: »Diese Phase sollte genutzt werden, durch lebens- und liebenswerte Konsolidierung von innen nach außen eine selbstbewußte Identifizierung der Bürger mit ihrer Stadt zu erreichen. Als Konzernsitz ist die Volkswagenstadt aufgerufen, ihre Attraktivität gegenüber anderen Städten noch zu steigern«.

Für Oberstadtdirektor und Stadtbaurat ist »mehr Urbanität in der City auch für den inneren Zusammenhalt der Stadt erforderlich, um die weitverzweigten Stadtteile stärker als bisher auf den Stadtkern zu orientieren«. Während die mittelalterlichen Städte in Wolfsburgs Nachbarschaft sich von ihren Marktplätzen her ausgebreitet und ihr Gesicht erhalten hätten, solle die VW-Stadt durch eine große Fußgängerzone – die gesamte Porschestraße entlang vom Theater bis zum Bahnhof – geprägt werden. Es gelte, in wenigen Jahrzehnten hier eine »idyllische Flanier- und Einkaufszone zu schaffen«, die sich in anderen Städten in Jahrhunderten entwickelt habe. Die Richtung liege fest:

Vom Klieversberg mit Stadthalle, Planetarium, Theater und Bürgerpark
– über die Platanenallee im Bereich Porschestraße Süd mit Kulturzentrum, Rathaus, Unterhaltungseinrichtungen, Cafés und Läden
– in die engmaschige Geschäftszeile der Porschestraße Mitte
– bis zu dem Nahverkehrszentrum der Porschestraße Nord mit seinen benachbarten Kaufhäusern.

Prof. Lamberg und Dipl.-Ing. Trommer weisen darauf hin, daß die Wolfsburger ihre Kommunikations-Treffpunkte in den Gaststätten der City, die Jugend besonders im »Kaufhof«, angenommen haben. Diese Zentren seien weiterzuentwickeln und mit Freizeitstätten und Kultureinrichtungen zu ergänzen. Da die Stadt selber schon in sehr vielen Bereichen tätig sei, wären private Unternehmen für diese Aufgaben besonders gern gesehen. Auch werde die weitere Attraktivitätssteigerung der Einkaufszonen in Vorsfelde und Fallersleben angestrebt, um die beiden rund 800 Jahre alten Orte über Bewahrung der Tradition in die Zukunft fortzuentwickeln.

In Schwerpunkte aufgegliedert stellt sich den Bürgern das Programm so dar:

- »Weiterbau am Zentrum der Gesamtstadt«: Das geschieht schon in der Porschestraße in ihrem südlichen Bereich (geplante Fertigstellung 1988) und im nördlichen Abschnitt (Baubeginn ab 1988). Einem weiträumigen Ausbau der City bis zu einer Größenordnung, die sich mit dem Zentrum historisch gewachsener Städte vergleichen läßt, steht die gute Versorgung der Bevölkerung in den Nebenzentren der großen Wohnviertel der gegliedert geplanten Volkswagenstadt entgegen.

- »Innere Komplettierung städtebaulich vernachlässigter Bereiche«: Beispiel und Ansatz dafür bietet der Rothenfelder Markt. Anders als bei der Sanierung des Renaissance-Bauwerks und des Schloßbereichs in Alt-Wolfsburg, deren geschichtspflegerische Bedeutung gar nicht hoch genug eingeschätzt werden kann, läßt sich dort Altes und Neues miteinander verbinden. Der Neubau des Wolfsburger Amtsgerichts könnte Kristallisationskern für ein »Gerichtsviertel« auf dem Boden historischer Siedlungsstruktur werden, wo die Vergangenheit der alten Dörfer Rothenfelde und Heßlingen einen Anker für Identifikationen der Bürger mit ihrer jungen Stadt bildet.

- »Behutsame Revitalisierung und Fortentwicklung der kleinstädtischen und dörflichen Teile der Wolfsburger Stadtlandschaft«: Es dürfte nur wenige Großstädte geben, die in ihren Grenzen den Bürgern dörfliches Wohnen (mit Pferdestall neben dem Wohnhaus) ermöglichen. Achtzehn dörfliche Ortsteile bieten sich an. In Vorsfelde und Fallersleben gibt es zum einen reizvolle kleinstädtische Winkel, die auf maßstäbliche Wiederbelebung warten. In den Kernbereichen besteht ein Nachfragedruck, der in eine sinnvolle Altstadterweiterung gelenkt werden sollte.

● »Umweltverträgliche Lösung der stadthygienischen Probleme«: Hier geht es um Müll, Abwässer und Luft. Mit seinem Projekt »Müll 2000« erprobt Wolfsburg in einem Modellversuch Möglichkeiten der Reduzierung und Verwertung von Abfällen. Bei der Abwasser-Verregnung sollen neugebaute Reinigungsanlagen den natürlichen Recyclingprozeß zusätzlich verbessern. Problematischer stellt sich die Reinhaltung der Luft dar, obwohl die Voraussetzungen in Wolfsburg – vor allem auch durch die Fernwärmeversorgung – günstig sind und das Volkswagenwerk mit seinen Arbeitsplätzen für 61 000 Menschen nur mäßig die Umwelt beeinträchtigt. Doch aus den deutlichen Luftbelastungen, die sich aus der überregionalen Situation ergeben, kann sich auch der Wolfsburger Raum nicht heraushalten.

● »Ökologische Stabilisierung der Naturbereiche«: Großzügige Grünflächen und Parkanlagen, Teichlandschaften und bis in ihr Zentrum reichende Laubwälder prägen die Großstadt Wolfsburg. Niederungen mit Wiesen und Bächen, Äcker und Forste ergänzen den wertvollen Naturraum. Es gilt, ihn zu erhalten und seine weitere ökologische Entwicklung aus dem Wissen und mit den Wertvorstellungen einer der Zukunft verpflichteten Generation zu betreiben. Dabei müssen Fehlentwicklungen aus der oft hektischen Aufbauzeit der Industriestadt korrigiert werden. Grundlage dafür ist der Landschaftsplan, den die Volkswagenstadt als eine der ersten Körperschaften Niedersachsens erstellen ließ.

Innere Komplettierung der Stadt: Mit dem Bau des Amtsgerichts soll der historische Bereich des Rothenfelder Marktes einen Impuls zur Sanierung und Fortentwicklung aus traditionsreicher Wurzel bekommen.

Südkopf der Porschestraße: Große Erwartungen knüpft die Stadt an die Belebung des Südkopfes der Porschestraße. Die City soll attraktiver werden und Kaufkraft an Wolfsburg binden. Ein Architektenwettbewerb erbrachte viele gute Entwürfe zur architektonischen Gestaltung eines Kaufhauskomplexes, in dem auch Wohnungen und Freizeiteinrichtungen geschaffen werden sollen. Der Entwurf des 1. Preisträgers (Bildmitte) grenzt die Fußgängerzone zum Verkehrsbereich eindeutig ab und schafft so eine klare Gliederung. Besonders augenfällig am Entwurf ist die Rotunde, in die evtl. ein Café einziehen soll.

Wolfsburg hat sich für die achtziger und neunziger Jahre viel vorgenommen. Wegen des soliden finanziellen Fundaments der Stadt lassen sich viele Pläne verwirklichen. Bei einem Volumen des Verwaltungshaushalts 1985 von DM 334 Millionen stehen im Vermögenshaushalt Finanzmittel in Höhe von DM 123 Millionen bereit. Die Verschuldung der Stadt beträgt pro Kopf ihrer Einwohner DM 950. Wenn in Zukunft aber einmal schmalere Einkommen mögliche Erweiterungen und Verbesserungen städtischer Einrichtungen begrenzen, die Finanzierung der komfortablen, aber kostenträchtigen Ausstattung der Stadt erschweren, sollten die Bürger bereit sein, bescheidener mit ihren Wünschen, und die Politiker vorbereitet sein, realistischer mit ihrem gutmeinenden Ehrgeiz umzugehen.

Behutsame Revitalisierung und Fortentwick lung ländlichen Stadtraumes: Almke ist eine der Wolfsburger Dörfer, in denen Ursprünglic und Vertrautes für die Menschen bewahrt ur behutsam in die Zukunft weiterentwickelt werden soll. In partnerschaftlichem Miteinar zwischen Fachleuten und örtlichen Arbeitskreisen wird mit der Dorferneuerung ein besonders wertvoller Teil Wolfsburger Lebe und Wohnmöglichkeit in seiner Eigenart erhalten.

Die in Wolfsburg bereits vorhandene Lebensqualität und ihre weitere Verbesserung muß der Bevölkerung, aber auch den »hochqualifizierten intelligenten Arbeitskräften«, die hier benötigt werden, immer wieder bewußt gemacht werden. Beim kritischen Vergleich der Städte sind viele Wolfsburger einäugig, viele Ortsfremde nur einseitig und oberflächlich informiert. Das erfordert eine verstärkte, gezielte Öffentlichkeitsarbeit nach innen und außen.

Als 1972 Wolfsburg durch Gebietsneuordnung Großstadt wurde, trafen die Planer kühner, als großzügige Vorsorge es erforderte, Flächendispositionen für eine städtebauliche Ausweitung mit der Richtzahl 250000 Einwohner. Heute sieht man den damaligen Höhenflug gelassen. Die Bevölkerungszahl stagniert bei 130000. Nach vier Jahrzehnten schnellen Wachstums erscheint vielen Wolfsburgern Stillstand oder gar Rückgang ungewohnt und beunruhigend.

Die Situation im Wohnungswesen macht die Veränderungen sichtbar. Der Mietwohnungsbau, seit der Stadtgründung an erster Stelle im kommunalen Aufgabenheft, hat seinen Vorrang längst eingebüßt. Dagegen wächst das Interesse am Wohnungseigentum. Das bedeutet stärkere Bindung an Wolfsburg. Im Rathaus sieht man es gern.

Zukunftsprobleme

Die Stagnation der Bevölkerungsentwicklung zwingt Rat und Verwaltung über das Konsolidierungsprogramm hinaus zu Maßnahmen, die weitere Abgänge und Einwohnerverluste verhindern können. Ziel muß sein die Beschaffung von Ausbildungsplätzen für alle Schulabgänger und von Arbeitsplätzen, die nicht nur in Zahl und Qualität sondern auch in der Vielfalt fachlicher Richtungen und in der Aussicht auf ferneres berufliches Fortkommen der Nachfrage entsprechen.

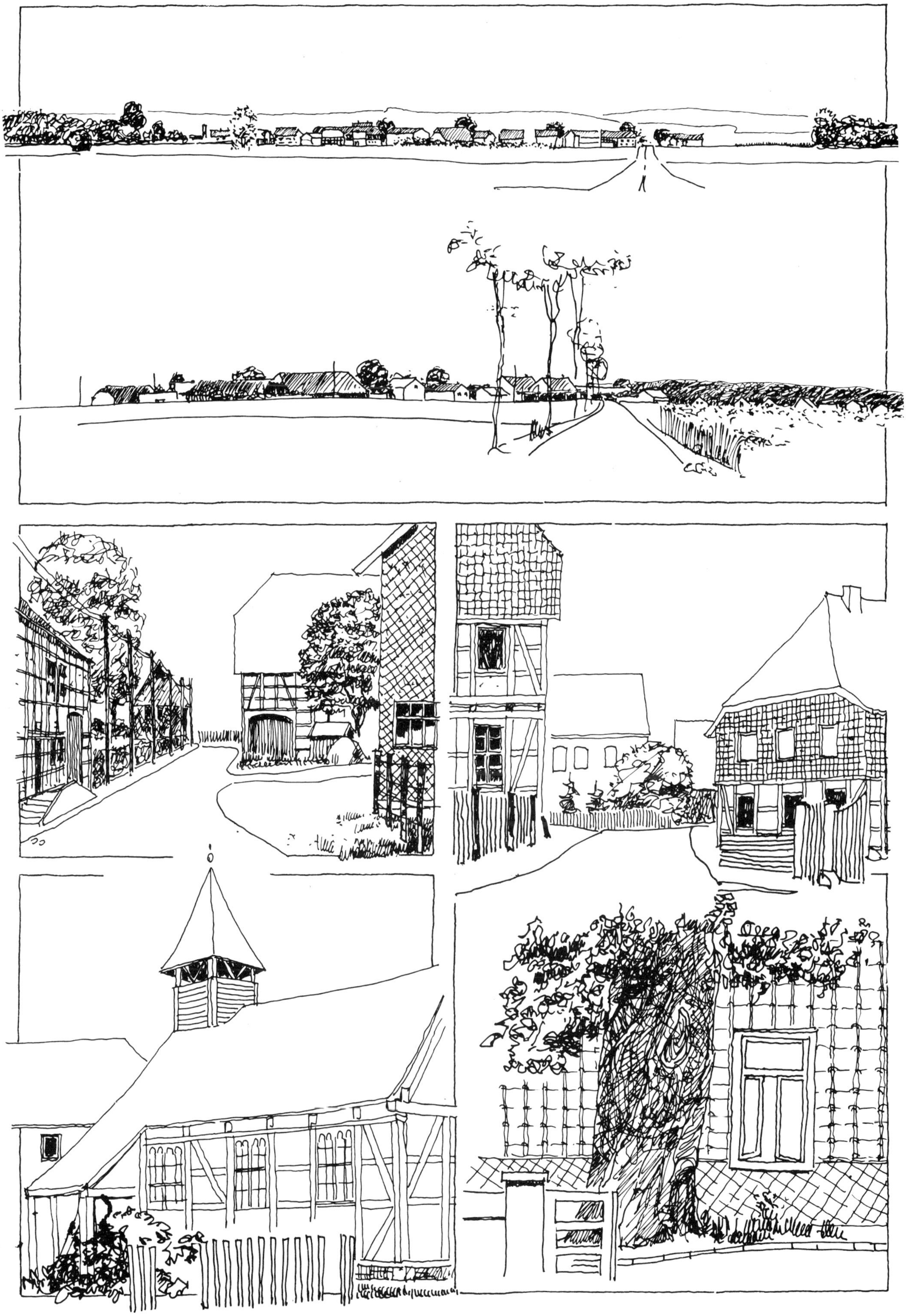

Wie in weiten Teilen der Welt gibt es Arbeitslosigkeit auch in der Volkswagenstadt, trotz großer Zahl an Arbeitsplätzen. Im August 1985 waren 6740 Wolfsburger arbeitslos gemeldet (11,2 Prozent). Frauen und Männer waren fast zu gleichen Teilen betroffen. Fast 700 Jugendliche unter zwanzig Jahren hatten keinen Arbeitsplatz. Ihre Schulzeit beendeten im Sommer 1984 rund 2400 Jugendliche. Das Arbeitsamt hielt für sie 1900 Ausbildungsplätze zur Verfügung.

Im Gegensatz zu anderen Betrieben wie etwa in der Bauwirtschaft ist das Volkswagenwerk als größter Arbeitgeber – trotz der Rezession auch auf dem Automobilmarkt – ohne nennenswerte Entlassungen ausgekommen. Mit einem Einstellungsstop suchte es seine Belegschaftszahl der veränderten Situation anzupassen, mit Kurzarbeit die Flaute bis zur nächsten Konjunktur zu überbrücken. Sein Angebot an Lehrstellen im hauseigenen Ausbildungswesen erhöhte das Volkswagenwerk auf rund viertausend Plätze. Inzwischen gibt es an den Fertigungsbändern auch wieder Beschäftigung und Lohn für bisher Arbeitslose aus dem Wolfsburger Amtsbezirk. Mit 61 000 Beschäftigten hat VW einen der höchsten Beschäftigungsstände seiner Geschichte erreicht.

Mehr freie Zeit für viele Wolfsburger

Flexibilität kennzeichnet auch eine andere Maßnahme des Unternehmens, in angespannter Beschäftigungssituation Härten zu vermeiden und Arbeit für Erwerbslose zu schaffen; sie verdient besondere Beachtung im Rathaus: Das Angebot einer Verkürzung der Lebensarbeitszeit auf 58 statt der gesetzlichen 65 Lebensjahre wird die Nachfrage nach sinnvoller, lebenserfüllender Freizeitbeschäftigung verstärken. Für Altenbegegnungsstätten sind diese »Frührentner« zu jung. Aber alle anderen kulturellen Freizeiteinrichtungen Wolfsburgs von der Sportanlage bis zur Volkshochschule werden – hoffentlich zunehmend – in Anspruch genommen werden. Inwieweit der Wunsch, mit unverbrauchter Schaffenskraft zu der Rente Nebenverdienste zu erwirtschaften, den Arbeitsmarkt beeinflussen wird, ist noch nicht abzusehen. Auch läßt sich nicht datieren, wann die von den Gewerkschaften eingeleitete Verkürzung der Wochenarbeitszeit auf 35 Stunden erreicht sein wird. Der erste Schritt wurde 1984 getan.

Die Abhängigkeit Wolfsburgs von der Autoindustrie in guten wie in schlechten Zeiten hat Jahrzehnte hindurch Rat und Verwaltung angetrieben, sich um die Ansiedlung weiterer Betriebe aus anderen Branchen zu bemühen. Dauerhafte Erfolge blieben die Ausnahme; die meisten Projekte haben den Beginn der 80er Jahre nicht überlebt. Heute ist es schwieriger denn je. Mit finanziellen Zusagen versucht jede Stadt die andere zu überbieten, um ernsthafte, finanziell gesunde Interessenten in ihren großzügig erschlossenen Gewerbegebieten anzusiedeln.

Wolfsburg wird seine Bemühungen noch verstärken müssen, wenn es die Ausbildung und Arbeit suchenden Jungbürger vor der Abwanderung bewahren und allen an ihrem Wohnort eine größere Vielfalt zukunftsträchtiger Arbeitsplätze anbieten will. Im Rathaus denkt man vorrangig an kleine und mittlere Betriebe, auch an Zulieferer für die Autoproduktion. In diesem Zusammenhang diskutieren die Städteplaner – nach langer Zeit strikter Unterscheidung zwischen Gewerbegebieten und Wohnvierteln – eine stärkere gegenseitige Durchdringung der beiden Bereiche Arbeit und Leben.

Längst hat sich »das Bild vom deutschen Arbeiter« gewandelt, an dem sich einst Planung, Bau und Ausstattung der Volkswagenstadt ausrichteten. Wer in den ausgedehnten Werkshallen am Mittellandkanal verfolgt, wie »intelligente« Roboter zunehmend auch komplizierte Arbeiten in gleichbleibend höchster Qualität ausführen, kann ermessen, daß in der industriellen Fertigung fast nur noch der gut ausgebildete, sich ständig fortbildende Fachmann eine sichere Zukunft an seinem Arbeitsplatz hat. Die Klassenzuordnung »Arbeiter« trifft auf ihn nicht mehr zu.

Schon die Tausende Diplomingenieure in Forschung, Entwicklung, Produktion und Inspektion, die Tausende von hochqualifizierten Angestellten und Fachleuten in der in Wolfsburg konzentrierten Unternehmensverwaltung, dem Vertrieb, der Logistik, dem Personal- und Finanzwesen haben die Zusammensetzung der Bevölkerung in der Volkswagenstadt verändert: Eine »vorbildliche deutsche Arbeiterstadt« sollte Wolfsburg einst werden. Seine Entwicklung ist von vielen phantasievollen Beinamen begleitet worden. Welche Bezeichnung wird man nach einem weiteren halben Jahrhundert nennen, um diese Stadt treffend zu charakterisieren?

Weitere Literatur zur Geschichte Wolfsburgs:

In der Reihe TEXTE ZUR GESCHICHTE WOLFSBURGS bisher erschienen:

BAND 1
Dokumente zur Kirchenplanung in der Stadt des KdF-Wagens, 1979

BAND 2
Grundzüge der Verwaltungs- und Verfassungsgeschichte des Herzogtums Braunschweig bis 1918, 1979
Neudruck: u.d.T. Gemeindeverwaltung und Staat im Herzogtum Braunschweig, 1983

BAND 3
Literatur über Wolfsburg, 1980
2. Auflage 1982

BAND 4
Ehmen. Eine Chronik, 1981

BAND 5
Hehlingen.
Geschichte eines Dorfes, 1981

BAND 6
Der spätgotische Schnitzaltar in Nordsteimke, 1981

BAND 7
Wolfsburger Stadtgeschichte in Dokumenten 1938–1945, 1982

BAND 8
Ein Dorf wandelt sich. Bauen, Wohnen, Siedeln in Ehmen, 1982

BAND 9
Zur Entstehung der Jugendbewegung in Wolfsburg, 1982

BAND 10
Sandkamp. Eine Chronik, 1983

BAND 11
Wolfsburg im Wandel städtebaulicher Leitbilder, 1983

BAND 12
Die Reformation im Raum Wolfsburg, 1983

BAND 13
Dorfentwicklung in Wolfsburg – ein Beginn: Hattorf, 1984

BAND 14
Nordsteimke. Ein Dorf im Wandel der Zeiten, 1984

Reihe »Wolfsburger Beiträge zur Stadtgeschichte und Stadtentwicklung« im Campus Verlag

Dieter Keim
Stadtstruktur und alltägliche Gewalt
Fallstudie Wolfsburg-Westhagen
1981. 96 Seiten
ISBN 3-593-32924-7

Ulfert Herlyn, Barbara Lettko, Ulrich Schweitzer, Wulf Tessin
Stadt im Wandel
Eine Wiederholungsuntersuchung der Stadt Wolfsburg nach 20 Jahren
1982. 306 Seiten, viele Abb.
ISBN 3-593-33141-1

Marie-Luise Recker
Die Großstadt als Wohn- und Lebensbereich im Nationalsozialismus
1982. 152 Seiten, zahlr. Abb. und Dokumente
ISBN 3-593-32973-5

Ursula Henning, K. Dieter Keim, Jochen Schulz zur Wiesch
Spuren der Mißachtung
Zum Verhältnis von Jugendproblemen und Stadtstruktur
1984. ca. 224 Seiten
ISBN 3-593-33391-0

Erhard Forndran
Die Stadt- und Industriegründungen Wolfsburg und Salzgitter
1984. 448 Seiten
ISBN 3-593-33375-9

J. Christoph Bürhle
Hans Scharoun und die Moderne
(erscheint vorauss. im Mai 1986).
ca. 350 Seiten
ISBN 3-593-33616-2